新・実践刑事弁護
昇平弁護士奮闘記
第2版

東京弁護士会刑事弁護委員会 編

現代人文社

はしがき

　本書の前身である『実践刑事弁護・国選弁護編』と『実践刑事弁護・当番弁護士編』を一冊にまとめ、『新・実践刑事弁護』としてリニューアルしてから2年が経とうとしています。本書は、幸いにも多くの方に手にとっていただき、増刷を重ねて参りました。

　もっとも、本書発行後、刑法、刑事訴訟法の重要な改正が行われています。また、刑事実務も日々変化を遂げています。このような刑事司法の変化に対応した内容にするべく、本書の改訂を行うことになりました。

　刑事弁護入門のガイドブックというコンセプトはこれまでと何ら変わっていません。新人弁護士にとってわかりにくい各種手続について、東京地方裁判所などの実務を踏まえてできるだけ噛み砕いてわかりやすく記載しています。最先端の議論などはあえて省き、新人弁護士のためのガイドブックに徹しています。

　また、東京で刑事弁護を行うために最低限知っておくべき情報は網羅しておりますので、久しぶりに刑事事件を担当することになった弁護士の方、東京で刑事弁護を担当することが初めての弁護士の方にとっても役に立つものと自負しております。

　裁判員裁判が開始してからまもなく10年が経とうとしていますが、被疑者国選の拡大、協議合意制度の開始等、刑事司法の変化は落ち着くどころか、ますます加速している様相を呈しています。被疑者、被告人の権利を擁護しなければならない立場にあるわれわれ弁護人は、刑事司法の変化に常に対応し、最善の弁護活動に努めなければなりません。

　この本を手にとっていただいたみなさんが、本書に記載されている内容を基礎として、依頼者である被疑者、被告人のための最善の弁護活動とは何なのかを自問自答して、一つひとつの事件に熱意を持って臨んでいただければ幸いです。

2018（平成30）年11月

東京弁護士会刑事弁護委員会委員長　岡田浩志

目　次

はしがき　3

❶ 初出動 ─────────────── 11

① 当番弁護士制度とは　15
1　当番弁護士制度の意義　15
2　沿革　16
3　刑訴法改正との関係　16
4　受付　16

② 当番弁護士への登録　17
1　登録の方法　17
2　割当と変更の方法　17

③ 当番日の出動待機　18

④ 出動要請と準備　19
1　迅速な接見　19
2　無駄なく接見するための確認事項　19
3　依頼者への連絡　19
4　接見に持参すべきもの　20

⑤ 結果報告　21
1　接見の報告　21
2　受任の報告　21
3　接見日当の支払い　21

❷ 接見 ─────────────── 22

① 被疑者段階（主に当番弁護士としての接見）　24
1　接見の申込み等　24
2　接見における説明事項　25
3　弁護人の役割　26
4　事情聴取　27
5　事件の見通しについての説明　28
6　付随的活動　28
7　私選弁護人を受任しなかったら　29
8　接見場所ごとの注意事項　29

② 被告人段階　32
1　接見において確認をとるべき事項　32
2　被告人とのその他の連絡方法　33

3　東京拘置所での接見、宅下げ・差入れ　33
　　　4　警察署での接見、宅下げ・差入れ　36
　　　5　仮監置室・同行室での接見　37
　　　6　検察庁での接見　38
　　　7　休日接見の注意点　38
　　　8　立川拘置所での接見　39
　　　9　テレビ電話による外部交通　39
　　　10　ファクス通信　40

❸ 受任 ─────── 41

　1　受任契約　43
　　　1　受任義務　43
　　　2　被疑者に資力がある場合　44
　　　3　被疑者等に資力がない場合　45
　　　4　当番弁護士自身が受任できない場合　46
　　　5　弁護士報酬に関する諸問題　47
　　　6　弁護人選任届の提出　49
　2　被疑者国選の対象事件　50
　　　1　被疑者国選弁護制度の意義　50
　　　2　制度の概要　50
　　　3　日本司法支援センター（法テラス）との契約　51
　　　4　被疑者国選弁護の手続　51
　　　5　国選弁護人としての活動開始　55

❹ 取調べに対する抗議 ─────── 60

　1　違法な逮捕・捜査　63
　2　対処の仕方　63
　　　1　担当検察官と担当裁判官への要請　63
　　　2　証拠保全　63
　　　3　具体的に違法行為をやめさせるために　65
　　　4　被疑者に対する指示　65
　　　5　毎日の接見　65

❺ 勾留を防ぐ活動 ─────── 66

　1　逮捕後の流れ　70
　2　勾留請求をさせないための検察官に対する働きかけ　70
　　　1　意見書の提出時期　70
　　　2　意見書の記載内容　71
　　　3　検察官との面会　72
　3　勾留決定をさせないための裁判官に対する働きかけ　72

1　意見書の提出時期　72
　　　2　意見書の記載内容　73
　　　3　裁判官との面会　73

❻ 勾留決定後の活動 ―――― 74

① 準抗告　78
　　　1　申立時期　79
　　　2　管轄裁判所　79
　　　3　申立書の記載事項　79
　　　4　裁判官との面会　80
　　　5　準抗告の効果　80
　　　6　特別抗告　81

② 勾留理由開示請求　81
　　　1　勾留理由開示の目的　81
　　　2　勾留理由開示請求の手続　82
　　　3　求釈明　82
　　　4　さらなる活用を　82

③ その他の手続　83
　　　1　勾留取消請求　83
　　　2　勾留執行停止申立て　83
　　　3　勾留場所変更の申入れ　83
　　　4　接見等禁止決定に対する準抗告、接見等禁止解除の申立て　84

❼ 不起訴に向けた活動 ―――― 86

① 捜査機関からの情報収集　89
　　　1　被疑事実　90
　　　2　被害者等の連絡先　90
　　　3　捜査の進捗状況・予定、余罪の有無等　90
　　　4　逮捕・勾留の理由、証拠関係　91

② 現場調査・証拠収集　91
　　　1　現場調査　91
　　　2　関係者からの聴取　92

③ 示談　92
　　　1　示談にあたっての準備　93
　　　2　示談の対象　93
　　　3　被害者との連絡　93
　　　4　示談の具体的交渉　94
　　　5　示談金　96
　　　6　示談条項　96
　　　7　嘆願書　97

8　示談決裂の場合　**97**
　　9　否認事件における示談について　**97**

❽ 保釈請求 ─────────────── **99**
　① 保釈請求　**101**
　② 保釈許可決定後の手続　**103**
　③ 保釈保証金の還付　**103**
　④ 不当な保釈請求却下に対して　**104**
　⑤ 再保釈　**104**

❾ 記録の閲覧・謄写 ─────────── **105**
　① 検察官開示記録の閲覧・謄写　**107**
　　1　記録の閲覧・謄写の重要性　**107**
　　2　記録整理の確認　**107**
　　3　記録閲覧の場所　**107**
　　4　閲覧の方法　**108**
　　5　謄写の方法　**108**
　　6　謄写費用　**109**
　　7　記録の引継ぎ・差入れ　**110**
　　8　証拠物の閲覧　**110**
　② 裁判所での閲覧・謄写　**111**
　③ 記録検討の留意点　**111**
　　1　検察官開示記録　**111**
　　2　公判記録　**111**

❿ 公判準備 ─────────────── **112**
　① 検察官・裁判官との打合せ　**115**
　② 十分な公判準備のために必要な技術　**116**
　　1　検察官証拠の検討　**116**
　　2　基本的な方針決定　**116**
　　3　証拠意見の検討　**117**
　　4　公判前整理手続　**118**
　　5　弁護側立証の準備　**120**

⓫ 公判廷 ──────────────── **122**
　① 冒頭手続　**129**
　　1　全部認める場合　**129**
　　2　否認の場合　**129**
　② 検察官立証　**129**

1　検察官の冒頭陳述（刑訴法296条本文）　129
　　　2　証拠調べの請求　130
　　　3　証拠調べの請求に対する弁護人の意見　130
　　　4　証拠決定（刑訴規則190条1項）　131
　　　5　証拠調べの実施　131
　③　弁護人立証　131
　　　1　冒頭陳述（刑訴規則198条1項）　131
　　　2　証拠調べの請求　132
　④　弁論要旨　133

⓬ 判決言渡し ———— 135
　①　判決言渡期日における弁護活動　137
　②　判決書　138
　③　実刑判決確定後の収監・処遇　138
　　　1　刑の執行指揮　138
　　　2　収容される刑事施設などの決定　139
　　　3　刑事施設（刑務所、少年刑務所、拘置所）　139
　　　4　改善更生・社会復帰のための処遇　141
　　　5　差入れや面会などについて　142
　④　仮釈放　143

⓭ 判決言渡し後 ———— 144
　①　結果報告書　148
　②　報酬請求　149
　③　手みやげ等の受領について　149

⓮ 障害のある人の事件 ———— 150
　①　障害とは　150
　②　捜査段階での弁護活動　150
　　　1　障害への気づき　150
　　　2　接見時のコミュニケーションにおける注意点　153
　　　3　捜査機関への申入れ　153
　③　福祉等の専門家との連携　154
　　　1　専門家との連携の必要性　154
　　　2　福祉専門職との連携　155
　　　3　連携における注意点　155
　④　専門名簿制度　156
　⑤　まとめ　156
　⑥　参考文献　156

⓯ 外国人事件 ——————————————— 158

- ① **特有の問題** 158
  - 1 コミュニケーションギャップ 158
  - 2 入管法上の問題 158
- ② **接見前の事前準備** 159
  - 1 当番・被疑者国選における初回接見 159
  - 2 当番・被疑者国選における初回接見以降および被告人国選における通訳人の確保 160
- ③ **接見** 160
  - 1 通訳人を伴う接見の留意点 160
  - 2 言語の確認 161
  - 3 通訳人を変える場合 161
  - 4 被疑事実の確認 161
  - 5 取調べ状況の確認 162
  - 6 日本の刑事手続の説明 162
  - 7 弁護費用および受任内容の説明 163
  - 8 領事館通報依頼の有無 163
  - 9 家族への連絡 163
  - 10 宗教・文化と刑事収容施設 164
  - 11 入管法上の配慮 164
- ④ **事件の見極め** 166
  - 1 不起訴処分が見込まれる場合 167
  - 2 起訴処分がなされた場合 167
- ⑤ **通訳料について** 170
  - 1 当番弁護の接見の結果、受任に至らない場合 170
  - 2 援助制度を利用して受任した場合 170
  - 3 通常の私選弁護人として受任した場合 171
  - 4 被疑者国選制度を利用し、または被告人国選により国選弁護人に選任された場合 172
- ⑥ **参考文献** 173

⓰ 即決裁判 ——————————————— 174

- ① **制度の概要** 174
  - 1 手続全体の概略 174
  - 2 即決裁判手続の対象となる事件 174
  - 3 即決裁判手続の特色 175
- ② **留意点** 176
  - 1 被告人段階は必要的弁護 176
  - 2 第1回公判期日 176
  - 3 スケジュール管理 176

- ③ **指名打診の方法** 177
  - 1 法テラス東京の場合 177
  - 2 法テラス多摩の場合 177
- ④ **具体的な手続の流れ** 178
  - 1 接見 178
  - 2 記録の閲覧・謄写 178
  - 3 同意手続 178
  - 4 即決裁判手続における公判 179

⑰ 上訴 ─── 181

- ① **上訴とは** 181
  - 1 上訴の申立て 181
  - 2 上訴の放棄 181
  - 3 上訴の取下げ 182
- ② **控訴審** 182
  - 1 国選弁護人選任手続 182
  - 2 控訴審における私選弁護人選任申出の前置 183
  - 3 記録閲覧・謄写 184
  - 4 被告人の移送 185
  - 5 控訴趣意書 185
  - 6 公判 187
  - 7 判決 189
- ③ **上告審** 190
  - 1 上告事件の特質 190
  - 2 受任手続 190
  - 3 記録の閲覧・謄写 190
  - 4 接見 191
  - 5 上告趣意書 192
  - 6 上告趣意書提出後の活動 193
  - 7 未決勾留日数の算入について 193
  - 8 結果報告書の提出 194

【資料1】事件の終了から報酬および費用の支払いまでの流れ 195
【資料2】夜間及び休日の未決拘禁者と弁護人等との面会等に関する申合せ 196
【資料3】国選弁護報酬請求等のしおり 198
【資料4】即決裁判手続の流れ 200
【資料5】控訴審に関する事務連絡 202
【資料6】国選弁護人の私選弁護人への変更承認方手続き並びに承認基準に関する定め 203

当番・国選Q&A 204

① 初出動

▎待機

　5月15日、今日は、弁護士になって初めての当番弁護士担当日である。1日待機している必要があるということなので、事務所でたまった起案をしながら電話を待つことにした。

　これまで国選事件はやったことがないけれど、ボスと一緒に私選事件もやった。しかし全部1回結審の情状事件だった。それに起訴前事件は1件もやっていない。突然強盗とか強制性交罪とか、バリバリの否認事件が回ってきたら、いったいどうしたらいいんだろう……。起訴前の短時間の勝負、1人で全部判断しなきゃいけないし、責任重大だ……。

　そんなことを考えていると先輩の高橋弁護士が午前の裁判から帰ってきた。

高　橋　どう？　今日、当番弁護士だよね。事件入った？
昇　平　まだです。
高　橋　刑訴法が改正されて私選弁護人選任の申出制度ができた関係で、東京三会の扱いでは、私選の申出があった場合も当番弁護士が出動することになったんだね。
昇　平　なんかドキドキですね。いったいどんな事件が入ってくるんだろうって、なんか緊張してます。
高　橋　新人だから、そんな途方もない大変な事件は配点してこないんじゃないかな。それにわからないことがあったら、ボスや僕になんでも聞いてくれればいいから。手に負えないなら、共同受任したっていいしね。

　この言葉を聞いて、少し安心した。しかしバリバリの否認事件に1人で

取り組んでみたい、という気持ちもあるので、ちょっと複雑だ。

出動要請

　午後０時過ぎ、弁護士会から電話が入り、当番として出動可能なことを確認されて、引き続き、当番弁護士センター配点連絡票等がファクス送信されてきた。被疑者の名前は大塚悟郎、28歳、傷害。逮捕日は５月14日だ。ファクスには「連絡は桜田警察署の留置係から」と書いてあった。さっそく留置場所である桜田警察署へ行こうと支度を始めた。

　持っていくものは、一応確認しておいた。

① 　弁護士会から送られてきた配点連絡票
② 　弁護士会から送られてきた私選弁護人選任申出書２部
③ 　弁護人選任届
④ 　受任契約書
⑤ 　刑事被疑者弁護援助制度を利用する場合の申込書
⑥ 　国選弁護人選任請求書・資力申告書（被疑者国選用）
⑦ 　マニュアル（『東京三弁護士会当番弁護士マニュアル』と『新・実践刑事弁護』〔本書〕）
⑧ 　「身体を拘束されている方へ」という差入れ文書

　被疑者が外国人のときは、

⑨ 　「外国人アドバイスカード」

も必要だけど、今回はいらないかな。

　それから、法定刑を聞かれたりする場合に備えて

⑩ 　六法

　差入れ・宅下げ等の書類作成に使う

⑪ 　職印

　さらに取調べの状況を記録してもらうため、

⑫ 　被疑者ノート（日弁連編集）

もだ。

　それから忘れちゃいけないのが

⑬　弁護士バッジか弁護士会発行の身分証明

　最近代用監獄、いや今は「代用刑事施設」っていうんだっけ、ともかく警察署の留置場で接見する場合、警察のチェックが厳しくなり、これらの提示を留置係から求められるからだ。

　受任に備えて被疑者差入れ用の

⑭　名刺

も必要だ。

　③から⑥は、東京弁護士会のホームページからダウンロードしておいたので、さっそくプリントアウトしよう。⑧は、マニュアルの資料編をコピーだ。⑫は、日弁連のホームページからもダウンロードできるので、それを使えば便利だ。

　その場で誓約書等を書いてもらう必要があるかもしれないので、

⑮　便箋

も持っていけば安心だ。

　念のため、

⑯　ICレコーダー

⑰　デジカメ

も持って行こう。

出動

高　橋　いよいよ出動？

昇　平　はい、傷害事件です。とにかく今からすぐ被疑者に会いに行きます。

高　橋　頑張れよ。ところで、警察の留置係には確認した？

昇　平　あっ、忘れてた。

　……舞い上がってて忘れていた。被疑者は実況見分やら検察庁の取調べやらで、警察の留置場にいないことが結構ある。連絡しないでいきなり警察署に行っても無駄足になることがあるから、事前に電話するんだったっ

け。こんなことじゃ先が思いやられるな。

昇　平　ええっと、桜田警察署の電話番号は……。
高　橋　警視庁に電話して警察署の名前を言えばつないでもらえるよ。
昇　平　そうなんですか。便利なんですね。

　さっそく警視庁に電話し、桜田警察署の留置係につないでもらった。受付の人が出たので、留置係に回してもらう。

昇　平　弁護士の大宮です。今日、そちらに留置されている大塚悟郎さんについて当番弁護士派遣の依頼が来ましたので、今から接見したいのですが、本人は今そちらにいますか？
留置係　いますけど、今、取調中なんですよね。４時頃なら取調べも終わると思うんですけど。

　あまりに当然のように言うので、一瞬流されそうになるが、これは初回接見だ。警察の言葉に従う必要はない。

昇　平　ご存知だとは思いますが、取調べを理由に初回接見を拒否することは許されませんよ。１時半までには着きますので、よろしくお願いします。

　これでよし、事務所を出た。
　午後１時10分、桜田警察署に着く。受付で名前を言い、被疑者に接見したい旨を告げる。数分すると、留置係が受付にやって来た。「今、取調中なので、お待ちいただけますか」などと言う。

昇　平　あなたは留置係の方ですか。お名前を教えていただけますか。
留置係　ええっと、留置の○○ですが……。
昇　平　○○さん。先ほど、お電話でも言いましたが、取調べを理由に

初回接見を拒否することはできません。すぐに取調べを中断して、接見室に連れて来てください。担当刑事は誰ですか？　あなたが言えないなら、私が直接話をします。

　留置係の警察官は、慌てたように、「わ、わかりました。少しお待ちください」と言ってその場を立ち去った。
　留置の人に任せてよかったのだろうか、と今さらながら不安になり、そわそわし始めた頃、先ほどの留置係の警察官がまた受付にやって来た。取調べを中断したとのこと。2階の留置係に案内され、接見申込書に記入をした。
　しばらく待った後、係から声がかかる。いよいよ接見だ。しかし、教科書みたいな接見妨害だった。この接見が終わったら、直接抗議しよう。

■解説

1 当番弁護士制度とは

1 当番弁護士制度の意義

　当番弁護士制度とは、各単位弁護士会ごとに当番の弁護士を置き、身体を拘束されている被疑者や家族・知人等から弁護士会に接見の依頼があれば、当番弁護士が直ちに無料で接見に赴き、被疑者の相談に応じる制度である。当番の方式として単位弁護士会により待機型と名簿型がある。
　憲法34条は、被疑者に弁護人選任権を保障しているが、2006（平成18）年10月から被疑者国選弁護制度（以下、「被疑者国選」という）が導入されるまで公訴提起前の被疑者段階での国選弁護人制度がなかった。しかし、身体を拘束された被疑者の多くは法律の知識もなく捜査機関の中で孤立しており、保障されている各種の権利も十分に知らないまま取調べを受ける可能性が大きく、また時として虚偽の自白を強要される。そして、公判に対する準備活動もできないままである。
　そこで、当番弁護士が一度接見して、被疑者の相談に応じたり、法的な助言をする等、被疑者に対し法的サービスを与え、被疑者の権利確保を図ろう

というのが当番弁護士制度の基本的趣旨である。2018（平成30）年6月からすべての勾留事件が被疑者国選の対象となったが、選任は勾留段階に限定されており、当番弁護士制度が不要になったわけではない。

2　沿革

　当番弁護士制度は、1990（平成2）年10月に大分県弁護士会が名簿型の当番弁護士制度をスタートさせたのを皮切りに、各単位弁護士会でも導入を開始した。東京弁護士会は1991（平成3）年6月1日から当番弁護士制度をスタートさせており、1992（平成4）年10月1日より全国52単位弁護士会すべてで当番弁護士制度が実施されるに至った。

3　刑訴法改正との関係

　2006年10月施行の刑事訴訟法改正により、被疑者・被告人に、弁護士会に対して私選弁護人選任の申出をすることが認められ、申出を受けた弁護士会は、速やかに、弁護人となろうとする者を紹介することが求められる（刑訴法31条の2）。

　東京では、弁護士会がこの申出を受け付けたときには、速やかに弁護人となろうとする者を紹介する方法として、当日待機している当番弁護士を派遣することとして、私選弁護人紹介と当番弁護士制度が有機的に連動することになっている。

4　受付

　東京三会では、現在三会が合同で当番弁護士制度を運用している。その要領は次のとおりである（少年事件も同じ）。

　　　　受付窓口　東京三弁護士会刑事弁護センター
　　　　　　　　　TEL.03-3580-0082
　　　　受付時間　終日

　受付は東京三弁護士会刑事弁護センターで行い、センターの職員が被疑者の身体拘束場所により本庁管轄分か立川支部管轄分かを振り分け、本庁管轄のものはさらに東弁、一弁、二弁に割り振る。東弁に割り振られた事件は、

東弁の職員から当番弁護士に連絡する。

　立川支部管轄の事件は、東京三弁護士会多摩支部事務局に連絡をし、そこから当番弁護士に連絡する。なお、休日に受け付けた事件については、東京三弁護士会刑事弁護センターの職員から本庁管轄分、立川支部管轄分とも直接当番弁護士に出動を連絡する。

　午後5時から翌日午前9時30分までは留守番電話での受付となり、翌日午前10時以後に事件の配点がなされるので、当番弁護士の出動は早くてもそれ以降となる。

　なお、被疑者の身体拘束場所に応じて、本庁・立川支部いずれの当番弁護士を出動させるかを決めているが、後述するとおり、当番弁護士に登録する段階で本庁管轄分か立川支部管轄分かを選択できる。本庁管轄分と立川支部管轄分の二重登録もできる。

2　当番弁護士への登録

1　登録の方法

　当番弁護士として活動するためには、弁護士会の当番弁護士名簿に登録する必要がある。東京弁護士会では、当番弁護士名簿は活動地域により本庁管轄分と立川支部管轄分に分かれているので、希望により両者またはいずれかを選択して登録する。

　登録は随時受け付けているので、本庁管轄分への登録は弁護士会館6階人権課（TEL.03-3581-2205）で、立川支部管轄分に登録する場合は東京三弁護士会多摩支部当番弁護センター（TEL.042-548-3809）で登録する。当番弁護士登録においては、一般事件当番への登録（D名簿）、少年事件当番への登録（E名簿）の2種類があり、選択ができる。もちろん両方とも選択できる。ただし、新規登録会員の場合、刑事弁護新人研修を受講しなければ、名簿登録はできない。

2　割当と変更の方法

　当番弁護士に登録すると後日、自分の担当日割当表が半年ごとに送付されてくるので、自分の担当する日をチェックのうえ、あらかじめ手帳に記入して他の裁判期日等の予定と競合しないようにする。

すでに割当日に他の予定が入っており、割当日の交代を必要とする場合、本庁管轄分は、東京弁護士会の会員専用サイト内のマイページで担当日程の交代を申し込むことができる。マイページでの交代は、割当日の2日前までとなっているため、余裕をもって交代を申し込むべきである。マイページでの交代期限に間に合わなかった場合、自己の責任において当番弁護士登録者の中から個別に電話やメール等により交代を依頼し、了解が得られればその旨できるだけ速やかに、本庁管轄分の場合には各弁護士会の担当事務局（東弁は人権課：TEL.03-3581-2205／FAX.03-3581-0865）、立川支部管轄分は東京三弁護士会多摩支部事務局（TEL.042-548-3800／FAX.042-548-3808）に原則としてファクスで通知する（日程表とともに、日程交代変更連絡用のファクス送信票が送られてくるので、それを利用する）。割当日の交代が生じた場合、事務局から関連部署に連絡をすることになるため、割当日3日前以降の交代は避けるべきである。

　当番弁護士で出動し、引き続き被疑者段階で弁護人として受任する場合に備えて、できるだけ当番日以後の予定を空けておくようにするとよい。どのくらい空けておけばよいかは一概にはいえないが、逮捕から48時間以内の送検、さらに24時間以内の勾留請求、そして10日間の勾留が通例であるから、逮捕当日の出動要請を想定し、あらかじめ当番日から12日ないし13日程度の期間はスケジュールに余裕をもたせておくことが望ましい。また、突然のアクシデントで割当日に待機できなくなった場合は、刑事弁護委員会担当事務局（休日の場合は東京三弁護士会刑事弁護センター）に連絡すること。

③　当番日の出動待機

　待機時間は平日・休日とも、本庁管轄分・立川支部管轄分ともに午前10時から午後5時30分までである。
　待機場所は事務所・自宅または確実に連絡できる場所である。
　待機中は、連絡担当者から接見への出動依頼があったときに直ちに出動できるようにしておく。午後5時30分までに出動の連絡があったものは、当日中に接見するのが原則である。したがって、勾留質問で裁判所に押送されている場合など、警察署では夜間に接見を開始することも多いので、午後5時30分以降も接見へ出動できるように予定を考えておく必要がある。

ちなみに、当日午前9時30分までに留守番電話で受けたものについては午前10時過ぎに出動依頼が来ることが多く、当日東京地裁刑事第14部からの出動要請がある事件（全体の要請の約半分）は午後5時前後に来ることが多い。

　なお、罪名・被疑者の属性・留置先の警察署等で事件の選り好みを行うことは、配点業務の遅滞を招くことになる。また、弁護士会の配点担当部署に架電し、事件の配点を催促することも同様の問題を生ずる。このような行為は控え、利益相反といった問題がない限り、担当職員の配点依頼を受諾し、速やかに出動する必要がある。

④　出動要請と準備

1　迅速な接見

　出動の依頼を受けたら直ちに接見に行く。

　当番弁護士は、迅速な接見が命である。原則として2～3時間以内に接見する。すぐに行けない場合でも、当日中に必ず接見する（東京弁護士会は、刑事弁護人推薦運営細則8条2項において、正当な理由がない限り当日中に接見しなければならないと定めている）。当日中に接見に行くことが難しいようであれば、あらかじめ割当日の交代を行っておくべきである。

2　無駄なく接見するための確認事項

　接見出動前に、身体拘束場所の担当者（留置係）に連絡をとり、被疑者の所在場所を確認する。なお、警視庁の代表番号（03-3581-4321）に電話し、「○○署の留置係をお願いします」と言えば、つないでもらえるので便利である。

　被疑者は、検察庁・裁判所あるいは他の警察署等に行っている場合がある。空振りとなればそれだけ接見が遅れることになるので、出動前に被疑者の所在を確認し、空振りという事態は避ける。

　なお、連絡先と注意事項は、後記❷（22頁）参照。

3　依頼者への連絡

　依頼者が家族・知人等の場合には、この依頼者にも連絡をとり、状況の説明・費用の支払い能力等を聞いておくとよい。

　ただし、依頼者によっては（依頼者が共犯など事件利害関係者等である場

合)、当番弁護士制度を利用して、被疑者が捜査機関にどのような供述をしたのか等、捜査状況の進展の程度を当番弁護士を通じて知ろうとする場合もあるので、注意を要する(結果的に証拠隠滅や犯人隠匿の手助け等をすることになりかねない)。

4 接見に持参すべきもの
① 私選弁護人選任申出書
② 『東京三弁護士会当番弁護士マニュアル』と本書
③ 弁護人選任届および辞任届付弁護人選任届
④ 受任契約書
⑤ 刑事被疑者弁護援助利用申込書
⑥ 「身体を拘束されている方へ」という差入れ文書(以下、「差入れ用パンフレット」)
⑦ 外国人アドバイスカード(被疑者が外国人の場合)
⑧ 国選弁護人選任請求書・資力申告書(被疑者国選用)
⑨ 六法
⑩ 印鑑
⑪ 被疑者ノート(日弁連編集)
⑫ 弁護士バッジか弁護士会発行の身分証明書
⑬ 名刺
⑭ 当番弁護士配点連絡票
⑮ 便箋
⑯ カメラ、ICレコーダー

①は、弁護士会から被疑者交付用と弁護士会送付用の2枚がファクス送信されてくるので、2枚とも持参する。なお、被疑者本人からの申込みでない場合(家族・友人等、あるいは、委員会派遣)には、この書類が送られないので、未記入のものを2枚持参するとよい(警察署留置係にも備置されている)。

③から⑧は、②のマニュアルに掲載されているので、あらかじめコピーしてセットとして揃えておき(1事件につき1セット、数セット用意しておく)、出動依頼が来たら被疑者の数に応じたセットをそのまま持っていけば足りるようにしておくと、出動の際慌てなくてもよいし、忘れることもない。

⑪は、否認事件などで取調べに問題がある場合には差し入れて活用すると

よい。弁護士会で配布しており、日弁連のホームページからダウンロードすることもできる。

⑮は、弁面調書を作成したり、被疑者に差し入れて供述書・謝罪文などを作成する場合に備えて準備しておくとよい。

⑯は、逮捕時に怪我をしたという被疑者を撮影したり、責任能力に疑いがある被疑者の話を録音したりするなど接見時に必要となる場合がある。なお、日弁連コメント（2016年）の「面会室内での写真撮影に関する国家賠償請求訴訟の最高裁決定についての会長談話」および日弁連会員専用サイト内にある、「面会室内への電子機器の持込み・使用・利用について【資料集】」も適宜参照されたい。

その他、当番弁護の連絡票には罪名の記載があるので、被疑事実が特別刑法や条例等、あまりなじみのない法律に該当する場合でも、構成要件や刑罰だけは知っておく必要があり、当該法律の下調べも重要である。

⑤ 結果報告

1 接見の報告

接見が終了したときは、直ちに（遅くとも翌日午前中までに）東京三弁護士会刑事弁護センター（または東京三弁護士会多摩支部刑事弁護連絡協議会）に、接見報告書に必要事項を記載してファクス送信する。

当番弁護士制度における事件事務の処理管理は、この報告書の提出によって行うので、接見報告書の提出を怠ったり、接見メモが読みにくいことのないよう十分注意する。「依頼考慮中」や「着手金未受領」の場合でも、接見報告書は直ちに提出すること。

2 受任の報告

事件を受任した場合には、契約書の写しを速やかに所属単位会に提出する。

3 接見日当の支払い

当番弁護士の接見日当（1万円）は、受任に至らなかった場合に限り、接見報告書を提出すれば、所属単位会から支払われる（初回接見のみ）。割当日に待機していただけでは接見日当は支払われない。

❷ 接見

　被疑者の大塚さんは、ひょろりと痩せた青年で、見るからに身体拘束でまいってしまっている様子だった。まずは僕の自己紹介をしなければならない。

昇　平　（名刺を見せながら）私は弁護士の大宮です。あなたからの当番弁護士派遣依頼を受けて、弁護士会から派遣された当番弁護士です。よろしくお願いします。
大　塚　よろしくお願いします。
昇　平　私は弁護士ですので、ここで話したことは一切口外しませんから、安心して何でも話してください。希望されるのであれば、あなたの立場に立って弁護活動をします。事件のことでも、現在の身体拘束のことでも、何か心配とか困ったことがあれば、何でも話してください。
大　塚　わかりました。ありがとうございます。ところで、この面会の費用って……。
昇　平　ああ、当番弁護士の初回接見は無料なのでご安心ください。ここに入られて体の調子はどうですか。
大　塚　最悪です。あまり眠ってないんです。昨日の夜捕まって、今日も長い時間取り調べられて……。私、正直酔っていてよく覚えていないんです。バイト先の仲間と飲みに行ったところまでは記憶があるんですが、気づいたら警察署にいるっていう感じで……。確かに、寺岡くんが血を流して倒れていたような記憶もあるんですけど、正直、記憶が曖昧で……。

　なになに、長時間の取調べ？　血？　頭がグルグル回転し始める。

昇　平　逮捕されたのは、どういうきっかけでしたか？
大　塚　昨日、5月14日の夜にバイト先の仲間と飲みに行ったんです。嫌なことがあって飲むペースも結構早かったせいか、すごい酔っちゃったみたいなんですよね。それでどうやら、バイトの後輩の寺岡くんのことを殴ってしまったみたいなんです。
昇　平　手で殴ったんですか？
大　塚　いや、それが、よく覚えていないんですけど、どうやらビール瓶で頭から殴ったらしく……。
昇　平　ええっ、そうなんですか。
大　塚　記憶はあまりないんですけど、警察の人はそう言ってるんです。それで、お店に駆けつけた警察官に逮捕されたみたいです。
昇　平　なるほど……。逮捕されたあとはどうなりましたか？
大　塚　ええっと、刑事さんが、事件が起きたのが午後10時過ぎとかだって言ってたんで、多分、警察に着いたのは午後11時くらいとかじゃないかと思います。それで午前2時くらいまで取調べがあって。ちょっと休めって言われて、1回寝て、それから朝10時くらいからまた取調べがあって、さっき終わりました。

深夜に取調べか……。これって違法になるんだっけ？

昇　平　取調べでは、どんな話をしたんですか？
大　塚　さっきも言いましたけど、正直、記憶が曖昧だったので、覚えてないって言ったんです。でも、「覚えてないはずないだろ」とか、「認めたら帰してやるから」とかさんざん怒鳴られて……。1回ですけど、椅子を蹴り上げられたりもしたんです。それで、怖くなって黙っちゃったんですけど、そうしたら、「黙って済むと思うなよ」みたいなことも言われて……。

むむ、これはいよいよ違法ではないか。確かに、規則とかがあったような……。

昇　平　状況はよくわかりました。ひどい取調べですね。それでは、(被疑者ノートをアクリル板越しに示しながら)この「被疑者ノート」を差し入れますね。取調べの状況を細かく記入して記録してください。今後、いろいろと役に立ちますから。毎日記入するように努力してください。あまりに取調べがひどいようであれば、私のほうで抗議しますから。

■解説

接見は、弁護活動の基本かつ重要な部分である。

接見の重要性は、被疑者段階、被告人段階で何ら変わりはないが、それぞれ注意すべき点が異なるため、被疑者段階と被告人段階を分けて説明する。

1 被疑者段階(主に当番弁護士としての接見)

1　接見の申込み等

当番弁護士は「弁護人となろうとする者」として接見の申出をする。

接見依頼が弁護人選任権者以外の者からされた場合、接見申出の際、「誰から依頼されたのか」と問われることがある。その場合、「誰々から依頼された弁護士である」と被疑者に伝えるように留置担当者に告げ、被疑者の依頼に基づいて接見すればよい。留置担当者から「被疑者本人が接見を拒絶している」と言われた場合でも、その点を被疑者と直接会って確認したいと申し入れる。

被疑者が弁護士会に対して私選弁護人選任の申出をした場合に、それを受け付けた弁護士会が弁護人となろうとする者を紹介するときも、当番弁護士を派遣する。この場合の弁護士は、まさに「弁護人となろうとする者」である。

2006(平成18)年10月以降は、被疑者から当番弁護士の派遣要請があった場合でも、原則として、留置係官などは被疑者の申出を刑訴法31条の2の私選申出として扱い、被疑者に私選弁護人選任申出書を作成させ、弁護士会に取り次ぐ。当番弁護士も、この制度に則って接見することになる。

私選申出は、被疑者(被告人)本人だけができる。家族や友人からの申込み、

委員会派遣の場合には、この申出がないまま、当番弁護士は接見に赴くことになる。ただし、この申出は後の国選弁護人選任請求の際に重大な意味を持つ。なぜなら、50万円以上の資力（刑事訴訟法第36条の2の資産及び同法第36条の3第1項の基準額を定める政令2条）を有する被疑者が国選弁護人を請求するためには、私選申出をあらかじめしておく必要があるからである（刑訴法37条の3第2項）。接見した弁護士は、家族や友人からの申込み、委員会派遣の場合、被疑者からこの申出を引き出し（用紙を差し入れて被疑者に記入させるか、弁護士が聴き取って記入する）、その場で弁護士会の立場で受け付けて、自ら、弁護士会から紹介された弁護士として接見する（被疑者本人から当番弁護士の派遣要請があった場合、私選弁護人選任申出書が2通ファクスされてくるため、それを持参すれば足りる）。そのため、私選弁護人選任申出書の用紙2枚を持参することが望ましい。

2　接見における説明事項

(1)　当番弁護士の意味

　当番弁護士とは、要請があった場合に無料で接見に行き、種々の法的助言を行う弁護士のことである。被疑者が弁護士会に対して私選弁護人選任の申出をした場合に、それを受け付けた弁護士会が弁護人となろうとする者として紹介するときも、当番弁護士を派遣する。私選申出に対応して派遣された場合には、とくにこのことを説明し、理解を得る必要がある。弁護士と警察官・検察官の違いがわかっていない被疑者もいるので、当番弁護士が被疑者の味方であること、いかなる秘密も厳守されることを告げて信頼関係を樹立するよう努める。

(2)　刑事手続の概略

　当番弁護士マニュアルに掲載されている差入れ用パンフレットを示して、刑事手続の概略を説明する。

　同房者の話として不確実な話を聞いていることも多いので、被疑者が誤った知識を得たり、誤った見通しを植えつけられることのないよう注意する。

(3)　被疑者の有する権利とその行使方法

　差入れ用パンフレットを示し、次の点をとくに説明する。そして、方針（黙秘するのか、取調べには応ずるが署名・指印を拒否するのか、取調べに応じて署名・指印もするのか）について、明確に指示すべきである。また、供述する

メリットが考えられない場合などに黙秘の方針をとることを躊躇する必要はなく、毅然と黙秘を指示すべきである。黙秘や署名・指印を拒否する方針を採る場合、警察官ないし検察官から供述、署名・指印をするよう不当な取調べ(「黙秘すると刑が重くなる」、「署名・指印しないと反省していないと判断される」など)がなされる可能性があるため、警察官・検察官が行うと予想される取調べ手法を伝えて被疑者の不安を解消するように努力する。多くの被疑者は、黙秘や署名・指印拒否に不安を感じるため丁寧な説明に努める必要がある。

① 供述調書にどのようなことが書かれるか

　警察官ないし検察官が被疑者から聞いたことが供述調書となり、それは裁判で重要な証拠となる。取調べに応じるのであれば正しく答え、調書に書かれてあることをよく確かめる。調書は読み聞かされるのが通常であるが、閲覧することも可能であるので、はっきり聞き取れなかったときは閲覧を求めて内容を確認する。

② 黙秘権があること

　取調べに対して被疑者はずっと黙っていることもできるし、また答えたい質問にだけ答え、答えたくない質問には答えなくてもよい。

③ 身に覚えのない自白はしてはいけないこと

　取調べに対して答える場合、身に覚えのないことは絶対に認めてはいけない。裁判になってから本当のことを言っても取り返しがつかなくなる例は非常に多い。裁判所で話せばわかってもらえると思っている被疑者もいるので、取調べに応じるという方針をとる場合は注意する。取調べは最大でも23日間であることを説明し、強い意志をもって頑張るように励ます。

④ 調書に署名・指印することを拒否することもできること

　供述調書ができると、最後にこれを読み聞かされて署名・指印を求められる。その際、違っている部分があるときには訂正を求めることができる。署名・指印をするかしないかは、法律上、まったくの任意である(仮に調書の内容が正しくとも、署名・指印を拒否することができる。刑訴法198条5項ただし書)。

3　弁護人の役割

　弁護人の役割については、被疑者に必ずしも十分な認識がされているとはいえない。そこで全面的に自白している事件や軽微な事件でも、示談交渉や有利な情況証拠を収集して不起訴処分に持ち込んだり、仮に起訴されても量

刑を軽くすることが可能であること、また、弁護人がつくことで孤立無援の状態にある被疑者が精神的にも救われ、捜査の監視も可能となるなど、弁護人を選任することに意義があることを説明する。全面的に自白している場合であっても、弁護人がつくことによる上記のような効用は計り知れないことから、積極的に受任するようにする。

　費用について心配しているような場合は、必ず刑事被疑者弁護援助制度を説明し、被疑者の費用負担能力などを聞いて費用への心配を取り除くこと。

4　事情聴取

　事情聴取に際しては、とにかく被疑者との信頼関係を築くことがなにより重要である。信頼関係の構築なくして充実した弁護活動は不可能である。

　また、起訴前弁護は、早期の示談、準抗告・特別抗告の期間制限など時間との勝負であるから、以下の点を含めて必要な情報をいかに要領よく入手するかが勝負となる。

(1)　犯罪事実

　まず、重要なのは事件が何か、どのような経緯で逮捕されたのかなど、犯罪構成要件該当事実、逮捕手続の適法性に関する事実等を聴取することである。

　もっとも、被疑者が被疑事実やそれに関連する事実だけを理路整然と話せることは稀である。とくに初めて警察に留置された者は、興奮していたり、ショックを受けて混乱していることがほとんどである。

　そこで、とりあえずは思いつくまま話をさせ、その後に質問していくのがよい。そのうえでどのような点について取調べが集中しているかを聞き、捜査機関の関心がどこにあるのか把握することが重要である（これにより、別件逮捕の判断や追起訴の有無などを判断できる）。

(2)　身上・経歴等

　住所や職業、家族構成など、被疑者の身上はできる限り詳しく聴取する。これらは、被疑者の身元引受けの問題や被害者との示談交渉、一般面会など金銭面・精神面で被疑者の力となりうる人を見つけることにもつながり、今後の弁護方針にも大きく影響するからである。

　また、定職を持っていて欠勤となっていることを気にしている場合は、それに対する手当も必要である。後述のように、被疑者の身を案じている家族

等への伝言等は受任の有無にかかわらずなすべきである。
⑶　健康面
　持病を持っていないか、薬を切らして困っていないか、ショックで体調を崩していないかなどは、必須の確認事項である。こういった面の細かな配慮が信頼関係を構築する第一歩となる。
⑷　第2回以降の接見でとくに注意すること
　基本的には初回接見と同じであるが、初回接見後に行った捜査機関とのやりとり、家族や勤務先との連絡、示談等の状況を報告し、被疑者に十分な情報を与える。とりわけ弁護人以外とは接見禁止とされている場合には、弁護人が外界と接触するための唯一のパイプである。この役割を果たすことにより、被疑者の心情を安定させることができ、信頼関係を築くこともできる。
　なお、備忘のため、被疑者ノート等を差し入れて、どのような取調べがあったのかについて被疑者にメモを作成させておくことが必要である。

5　事件の見通しについての説明

　知り得た範囲の情報での判断であることを前置きしたうえで、今後事件がどのように進んでいくのか等の見通しを被疑者に語っておく必要がある。これは、被疑者との信頼関係を築き維持していくうえで非常に重要である。ただし、被疑者が最も知りたいのが今後の見通しであるだけに、楽観的な見通しを伝えることは避けたい。弁護士職務基本規程29条2項でも、「弁護士は、事件について、依頼者に有利な結果となることを請け合い、又は保証してはならない」と定めており、有利な結果を請け負うことは禁止されている。

6　付随的活動

　被疑者から依頼された家族への連絡等は、接見の付随的活動として、受任しない場合でも怠りなく行うべきである。ただし、罪証隠滅活動等、引き受けられないことは、その旨明確に意思表示する。物の処分などは、罪証隠滅行為の可能性がある。
　被疑者とのコミュニケーションのとり方は接見以外にもありうる。簡単な伝言であれば留置係が取り次いでくれることもあるし、手紙は弁護人からであることがわかればすんなり入る。被疑者からも弁護人宛てに手紙を発送できる。物品の授受についても、留置施設は比較的融通がきくので試されたい。

また、急ぎのときは電報も有用である。

7　私選弁護人を受任しなかったら

受任の方法および被疑者に資力がない場合の刑事被疑者弁護援助制度については後述するが、結果的に、被疑者から私選弁護の申込みがあったが、これを弁護士が拒んだ場合（後述するように、東京弁護士会では受任義務を定めている）には、弁護士会は、被疑者に「不受任通知」をする（刑訴法31条の2第3項）。

この場合、当番弁護士が弁護士会に報告して、弁護士会から通知するのは迂遠なので、当番弁護士がその場で通知する。通知の方法は、私選弁護人選任申出書の書式下段に弁護士会の通知欄があるので、そこに必要事項を記入およびチェックして、1通を被疑者に交付する。もう1通は、弁護士会への報告用であり、接見終了後、遅滞なく、弁護士会にファクス等の方法により提出する（FAX.03-3581-2605）。

8　接見場所ごとの注意事項

(1)　各警察署

ア　接見

所在確認のためには、東京では警視庁（TEL.03-3581-4321）へ電話をかけて、各警察署の留置係へ転送してもらうのが簡便である。

ここに被疑者がいない場合には、戻りの時間を確認する。戻るまで長時間を要する場合には、警察から被疑者の所在を聞き出し、所在場所での接見を検討する。

接見室は1つしかない警察署も少なくなく、他の弁護人が先に接見をしていると、長時間待たされることもままあるので、時間に余裕をもって接見に行くようにしたい。

警察官から食事中・就寝時間中、あるいは勤務時間外等を理由に接見を拒まれることもある。しかし、休日あるいは執務時間外でも、警察署での接見は可能であり、実際にもよく行われているので、遠慮する必要はない（ただし、被疑者の休憩時間や就寝時間をむやみに奪うことのないよう配慮が必要であるし、接見が就寝時間帯になる場合には事前に留置係に到着予定時間を伝えるなどの配慮も必要）。ちなみに、夕食は午後5時からである。就寝時間は午

後9時であり、留置係員は同8時30分頃から就寝準備で接見対応が困難になる。したがって、午後5時半から同8時半くらいまでの接見は積極的に活用することが可能である。また、午後9時以降も、深夜に及ばない時間であれば対応してくれるが、到着時間等を事前に連絡しておくことが望ましい。それ以外の時間についてもあきらめず交渉して接見に臨むようにしたい。

なお、接見に際し、警察官から取調中等を理由に接見を拒まれることがある。このような接見妨害に対しては、臆することなく断固として接見を求めるべきである（否認事件で被疑者への取調べを減らすため、あえて取調べ時間に合わせて接見を行うという活動も考えられる）。たとえば、取調中との理由に対しては、接見交通権の意義・重要性、取調べに優先されることを主張して説得し、とくに初回接見については、その重要性を最高裁も認めるところであり、取調べを中断させてでも接見を実現させるべきである。

また、検察官による接見指定が行われているとの理由には、指定の有無はもちろん、指定要件の存否を留置係や担当検察官から聞き取り、指定要件がなければこれを甘受することなく接見を求めるべきである。

留置係等の対応によっては、準抗告も検討すべきであり、さらには、国家賠償訴訟も考えられよう。対応した者の身分や役職、名前などを聞き取り、メモや録音などで記録にとどめておくことも忘れないようにしたい（場合によっては、確定日付をとっておくなどの措置も必要である）。

イ　宅下げ・差入れ

警察署での宅下げ・差入れについては、執務時間外でも可能である。ただし、現金などの貴重品については、被疑者の所持品としてではなく、貴重品として会計が受領・保管しているので、宅下げができる時間帯に制約がある。各警察署に事前に確認しておくほうがよい。

また、弁護人以外の者の宅下げ・差入れについては、平日の執務時間内（署によって異なる）に限られ、かつ宅下げ・差入れが制限されている場合もある。

なお、宅下げ・差入れは郵送でも可能である（現金等は郵送では不可の署もあるので、事前に確認しておくほうがよい）。

(2)　東京地裁本庁（TEL.03-3581-5411）

ア　接見

① 刑事第14部に被疑者の到着を確認のうえ、接見の申出をする。

② 本庁に行き、刑事第14部（本庁1階）で接見の申出をする。平日の午前9

時から午後5時以外の場合は、裁判所南側にある地下1階北側駐車場入口で看守に接見に来た旨述べ、どこに行けばよいか聞くのが手っ取り早い。

③　裁判所地下1階警視庁同行室（場所は裁判所地下1階で、入口は北側突き当たりのドアを開け、駐車場へいったん出て左側に回っていった先にある。民事の夜間・休日受付場所とは違うので注意すること。37頁の図参照）で接見する。

　なお、接見時間は20分などと制限されるので要領よく行う。

イ　宅下げ・差入れ

　原則として、宅下げ・差入れはできない。例外として認められているのは、名刺、弁護人選任届、法テラス関係書類である。

⑶　東京地裁立川支部（TEL.042-845-0365）

①　刑事訟廷係で接見の申出をする。

②　時間確認のうえ、担当裁判官から接見指定書の交付を受ける。

③　地下1階接見室に接見指定書を持参して接見する。

　なお、押送の時間がバラバラなので、到着・出発時間に注意すること。

⑷　東京地方検察庁本庁（TEL.03-3592-5611〔平日〕、03-3592-5663〔夜間〕、03-3592-7963〔休日〕）（区検も同様である）

ア　接見

①　担当検察官に接見の申出をする。

　あらかじめ警察署へ連絡した際、担当検察官の名前を聞いておくとスムーズに連絡がとれる。

　担当検察官は、代表番号に電話をして「捜査担当検事を確認したい」と伝えて事件担当に回してもらい、被疑者名などを伝えれば教えてもらえる。担当検察官は、送検の午前11時頃には決まるのが通常である。休日の場合は日直の検察官と交渉する。

　なお、接見可能な時間は原則として午前10時40分頃から午後3時30分までなので注意すること。また、担当検察官が決まっていない段階でも接見は可能なので、検察庁事件担当に確認する。

②　担当検察官から地下2階警視庁同行室宛てファクスで接見指定書が送付される。

③　指定された時間に地下2階同行室受付に行く。

　なお、接見時間は20分なので要領よく行う。

イ　宅下げ・差入れ

　原則として不可。弁護人選任届、国選弁護人選任請求書・資力申告書、法テラス関係書類、名刺等であれば例外的に可。その他反省文等については、捜査担当検事が認めたものでなければ宅下げ・差入れはできない。

(5)　東京地方検察庁立川支部（TEL.042-548-5055）

　担当検察官は、代表番号に電話をしてアナウンスの指示に従って捜査担当事務室につないでもらい、被疑者名などを伝えれば教えてもらえる。

　あらかじめ担当検察官と打ち合わせたうえ、支部受付に申し出る。取調中などで捜査担当検事につながらない場合、捜査担当事務室で取り次いでもらえる。

　地下1階に弁護人接見室が設置されている。

　なお、接見可能時間は原則として午前10時40分から同3時まで。

(6)　拘置所

　後記② 3（次頁）参照。

②　被告人段階

　被告人段階で選任された国選弁護の場合は、弁護人選任まで弁護人の援助を受けていない被告人が大半であるから、できるだけ早く接見し、被告人から事情を聴取し、あるいは助言をすることが必要である。また、早期接見により弁護方針を立てることができる。記録の開示を待っていると初回接見が遅れることもあるし、予断を排除するためにも、記録閲覧前であっても受任後速やかに接見をすることが望ましい。

　スケジュールの関係で接見前に記録を閲覧していたとしても、予断を抱いて被告人と接見することは相当でない。被告人の弁明、説明には十分耳を傾け、理性をもって打合せをする。被告人段階であっても接見の重要性は被疑者段階と何ら変わりはない。必要に応じ接見を重ねることが大切である。

1　接見において確認をとるべき事項

(1)　事実関係の確認

　弁護人が起訴状を読み上げ、被告人に対し「間違いはないか」と尋ねれば、ほとんどの被告人は「間違いない」と答える。しかし、公訴事実の時間・場所・

方法・態様等につき個別的に質問すると事実と違っていたり、疑問が生ずる場合もある。したがって、被告人に公訴事実の真否を尋ねる際は、結論的ではなく、たとえば「○月○日××で何があったのですか?」といった具合に、具体的に事実を確認できるように質問の仕方を工夫すべきである。

事件後の経過、動機、情状に関する事項等の確認についても、具体的にすべきである。また、違法性阻却事由・責任阻却事由などの有無についても留意する。被告人の供述調書の任意性・信用性、違法収集証拠であるか否かの判断に資するため、取調べ状況も聞く必要がある。

(2) そのほかの確認事項

事実の存否に関する証人、情状証人について質問し、その連絡先等を聴取しておく必要がある。被告人がそれらの者の電話番号を覚えていないような場合には、携帯電話の宅下げや仮還付なども検討する。

また、書証・証拠物等があるかどうか、事件以外の被告人の生活関係、仕事関係等について家族や知人らへの伝言等があるかどうかについても確認する。

さらに、被告人の心身の状況や処遇状況等についても聴取する。被告人の健康状態が悪いときは、公判担当検事に治療を要請するなどして、その保護を図らなければならない。

2 被告人とのその他の連絡方法

(1) 手紙

受任したこと、その他のことを、接見に行く前に、まず手紙で被告人に知らせる方法もある。

(2) 電報

急いで被告人に連絡しなければならないときは電報を打つ。

(3) 被告人からの連絡方法

被告人から弁護人への連絡方法(手紙、電報等)についても助言しておく。

3 東京拘置所での接見、宅下げ・差入れ

(1) 場所

　　　〒124-8565　東京都葛飾区小菅1-35-1
　　　TEL.03-3690-6681

東武鉄道「小菅」駅(北千住の隣駅)下車。JR線、東京メトロ千代田線、同半

蔵門線、つくばエクスプレス線で北千住駅乗換え。東京メトロ日比谷線ならば直通がある。小菅駅から徒歩約10分。JR線・東京メトロ千代田線の綾瀬駅から東京拘置所へミニ循環バスも出ている。

(2) 接見時間

月曜日から金曜日まで

　　　受付時間　　8：30～11：30
　　　　　　　　　12：30～16：00
　　　接見時間　　9：00～12：00、13：00～17：00

また、2007（平成19）年6月1日からは、以下の区分に応じて、午後8時までの夜間接見が認められることとなった（日本弁護士連合会と法務省との2007年3月13日付「夜間及び休日の未決拘禁者と弁護人等との面会等に関する申合せ」、**資料2**〔196頁〕参照）。

被疑者	とくに条件なし
被告人	① 面会希望日から5日以内に公判期日（公判前整理手続および期日間整理手続期日を含む）が指定されている場合 ② 上訴期限または控訴趣意書等の提出書類の提出期限が当該面会希望日から起算して5日以内に迫っている場合

面会の予約は、基本的には希望日の直近の平日（面会希望日を含まない）執務時間までにする必要がある。

ただし、

(a) 当該面会希望日当日に面会の必要が生じた場合……当日の午後3時30分まで

(b) 当該面会希望日に公判期日が開かれており、翌日にも公判期日が予定されている場合……当該面会希望日の執務時間まで

に予約すれば足りる。

休日（土曜日を含む）接見については後記7（38頁）参照。

(3) 受付、待合室、待ち時間

弁護人用の面会申込書に氏名、所属弁護士会、被告人氏名等を記入して窓口に提出する。その際係員から弁護士バッジまたは身分証明書の提示を求められる。係員から面会整理票を受け取り、面会検査室を抜けた先の弁護人待

合室で、自分の番号が放送で呼ばれるまで待機する。

　待ち時間は、被告人が入浴中であったり、他の者が被告人と接見中でない限りは、ほとんどないといってよい。それでも心配なときは、受付開始時刻の午前8時30分に行けば、まず待つことはない。

(4)　宅下げ・差入れの方法
ア　差入れできるもの

　被告人と書類や物の授受をするには郵送によるほか、宅下げ・差入れの方法がある。「宅下げ」とは被告人から書類、物品を受け取ることをいう。

　起訴状については、面会受付で申し出ておけば、被告人と接見する階の窓口で宅下げを受けることができる。その窓口では、名刺の差入れや、弁護人選任届の受渡しもすることができる。それ以外のものは窓口に行って手続しなければならない（窓口は、入口を入って左側の奥に現金差入れ用、書籍・衣類用、宅下げ用と並んでいる）。

　被告人に対する差入れ物の範囲については、刑事収容施設及び被収容者等の処遇に関する法律46条、同51条、刑事施設及び被収容者の処遇に関する規則21条等に規定がある。

　東京拘置所では筆記用具類は差入れが認められず、自費で購入するものとされており、また、飲食物・日用品類等は被告人が自費で購入するか、差入れ業者に差入れ依頼を行わなければならないとされている。衣類については、紐や金属類が付いているものは差入れできない。

　なお、便せん・封筒等は、以前は差入れ業者に依頼しなければならなかったが、現在はそれ以外のものでも差入れが可能になった。ただし、郵便で便せん等を差し入れようとした場合は、東京拘置所から引取り依頼の手紙が来ることがある。その場合は、「訴訟のために必要」という程度の簡単な理由を付せば、交付が認められる。

　差入れ物の数量等に関して、主なものは東京拘置所内に掲示されているので確認することが必要である。

イ　接見時に入手したい場合

　被告人の書いた書類や被告人の所持している手紙等の書類は、当日申し込んでもその日のうちに宅下げにより入手することはできない。接見時に入手したい場合は、あらかじめ被告人に数日前に宅下げの手続をとるよう指示しておくことが必要である。

しかし、訴訟準備等のために、被告人の手元にある書類が緊急に必要なこともあり、このような拘置所の運用は改善される必要がある。
　なお、被告人に訴訟関係の書類を差し入れる際には、訴訟関係書類であり至急被告人に渡す必要があることを明示すると、手続が早くなるようではあるが、未だ不十分であり、改善される必要がある。
　また、被告人に手紙等を郵送する際には、上記の拘置所の住所の末尾にアルファベットの「A」を書き加えると、早めに被告人の元へと届くようである。東京拘置所と書く必要はない。
ウ　外国語の文書
　外国語の文書の差入れについては、英語・中国語などの簡単な文書はそのまま差し入れることができるが、言語や文書の種類によっては訳文の添付を求められたり、被告人の領置金により翻訳することの了承が求められることもある。
　どのような言語のどのような文書について上記措置が要求されるかはケースバイケースなので、事前に拘置所に確認したほうがよい。
エ　接見禁止の場合
　接見等禁止となっている被告人の場合、文書の差入れや郵送については、弁護人が他人から託された文書をそのまま差し入れたり郵送したりした場合、接見等禁止を潜脱する行為として検察官などの抗議などが来たり、現実に差入れができないことがあるので注意を要する。
　ただ、弁護人の判断と責任において、実質的に接見等禁止の要件に該当しないと思われるものは差し入れても差し支えないとの見解が有力である。
オ　宅下げ・差入れの時間
　　　受付　　　8：30〜12：00、13：00〜15：30

4　警察署での接見、宅下げ・差入れ

　被告人が起訴後も警察署の代用留置施設に勾留されていることがある。警察署に接見に行くときは、余罪の引き当たり捜査などで被告人がいないときもあるので、事前に被告人がいるかどうかを当該警察署の留置係に確かめたほうがよい。拘置所に移送されているかどうかも、事前に当該警察署の留置係に問い合わせて確かめておく。
　その他の注意事項は、前記Ⅰ8(1)(29頁)のとおりである。

5　仮監置室・同行室での接見

⑴　場所

　両方とも裁判所合同庁舎の地下1階にある。

ア　仮監置室での接見

　仮監置室付設の接見室（通称「仮監」）は、東京拘置所から押送された被告人と接見する場合に使用する。地下1階のエレベーターがある廊下の中央付近に入口がある（下図参照）。東京拘置所と類似の面会申込書を提出する。ただし、仮監での接見はあくまで仮のもの、補充的な接見のときに利用するものである。仮監での接見だけで済ませてしまおうなどと考えてはならない。

　なお、判決宣告の後には、仮監を利用することにより、上訴権等の説明を迅速に行うことができる。

イ　同行室での接見

　警察署から押送された被告人は仮監ではなく、同行室で待機している。

　従前、同行室付設の接見室での接見は、事前に当該事件の担当部（第1回公判前は地裁刑事第14部）で接見指定書の交付を受けることとなっていたが、2009（平成21）年10月1日以降、特段の事情がない限り、指定書による接見

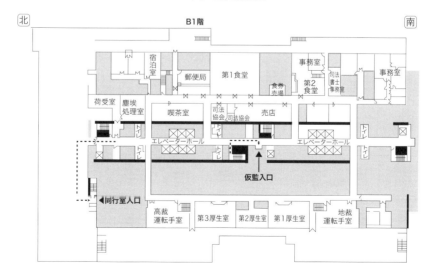

【東京地方裁判所】

日時等の指定を行わないこととなっているため、被疑者段階と異なり刑事第14部での申込みは不要である。接見時間は30分以内とし、公判開廷時刻の10分前には自動的に終了となる。
(2) 接見（受付）時間
　　　仮監　　　到着後準備でき次第（概ね9：15～9：30頃）～11：30
　　　　　　　　12：15～16：50
　　　　　　　　（被告人の公判終了後は、帰所の関係上、面会受付時間内でも面会できないことがあるので注意する）
　　　同行室　　9：30～15：00
(3) 宅下げ・差入れ
　　仮監・同行室では、原則として、宅下げ・差入れはできない。例外として認められているのは、名刺、弁護人選任届、法テラス関係書類である。

6　検察庁での接見

　被告人が余罪のための取調べ等の関係で検察庁に押送されている場合には、検察庁において接見することができる。接見の方法などは前記①8(4)(5)（31、32頁）のとおりである。

7　休日接見の注意点

　東京拘置所における被告人との休日（土曜日を含む）の接見取扱いは以下のとおりである（**資料2**〔196頁〕参照）。

	被疑者		被告人
	初回	2回目以降	
対象者	すべて	すべて	①　2週間以内に公判期日が指定されているとき ②　上訴期限または控訴趣意書等の提出書類の提出期限が2週間以内に迫っているとき
実施日時	土・日の午前・午後	土曜日の午前中	土曜日の午前中

　余罪捜査中の被告人または受刑者で、被疑者として逮捕または勾留されている場合には、2回目以降の被疑者と同じ扱いがされる。

また、上記以外の場合であっても、以下に掲げる事情が存する場合で、平日の執務時間内に面会を実施することが困難なときには、夜間または休日（平日の執務時間と同一の時間）に面会を実施することができる。
① 　弁護人が遠隔地から来訪する場合
② 　通訳を要する事案において、通訳人が遠隔地から来訪する場合
③ 　未決拘禁者から弁護人等に対し、別件の被疑事件について取調べを受けたので至急面会したい旨の連絡が休日またはその直前に届いた場合
④ 　その他これらに準ずる緊急性および必要性が認められる場合

8　立川拘置所での接見

　立川拘置所での接見時間等は、東京拘置所と同様である。

　公判当日、立川拘置所においては、同所から裁判の直前に裁判所（立川支部）に連れて来られ、裁判が終わるとすぐに同所に帰される場合が多いので、裁判所ではなく同所での接見となることが多い。また、昼休みの接見はできない。もっとも、裁判前短時間であれば、裁判前に裁判所の地下で接見できる。また、裁判後に同行している拘置所の職員に伝えておけば、裁判所の地下で接見する時間は確保できる。

　代用留置施設（警察署）から裁判所（立川支部）に連れて来られる場合は、裁判所地下の同行室で接見できる。

9　テレビ電話による外部交通

　東京拘置所および立川拘置所との間では、テレビ電話によって被告人と通話することもできる。ただし、電話は周囲と隔絶された部屋で行われるわけではなく、刑事訴訟法上の秘密接見交通には当たらない。差入れ・宅下げの連絡等、あくまで事務的な連絡にとどめ、事件に関わる通話をすることは厳に慎むべきである。被告人との意思疎通は接見にて図るべきであり、本制度は補完的なものにとどまる。

　東京拘置所および立川拘置所とのアクセスポイントは、東京地方検察庁（国選・私選男女とも通話可）、法テラス（国選男子のみ通話可）の2ヵ所である。実施枠は午前中3枠、午後4枠あり、実施時間は通話開始から20分間のみで延長はできない。なお、2009（平成21）年11月1日から司法修習生も立ち会うことが可能となったが、通話することはできない。

外部交通の予約は、通話希望日の1週間前から、前日午後3時まで（月曜日の予約は金曜日の午後3時まで）に、下記外部交通予約センターに電話して行う。

【外部交通予約センター】(03-3595-8870)
受付日：平日のみ
受付時間：9：30〜12：00、13：00〜17：00

　当日は、アクセスポイントに開始時間の10分前までに到着する必要がある。遅刻や無断キャンセルを行うと関係先に多大な迷惑がかかることになるため、遅刻・無断キャンセルは絶対に避ける必要がある。

10　ファクス通信

　東京拘置所および立川拘置所では、被告人と弁護人とのファクス通信も可能である。被告人からのファクスについては毎週月・木の2回、弁護人からのファクスについては毎週火の1回、取り次ぐ制度となっている。

　ただし、ファクスが可能なのは、被告人からの面会希望とそれに対する弁護人の面会予定の返答に限られる。それ以外の事項を伝えることはできない。被告人からの面会希望があった場合は、できる限り早く接見に行くべきであろう。

③ 受任

　昇平は、大塚さんから、事件について覚えている範囲のことを聞き出した。どうやら、被害者はかなり出血していたようなので、加療期間も長いかもしれない、単なるケンカで済みそうにないな、という不安を感じつつも、今後の方針について判断するために、家族の話を聞くことにした。

昇　平　ところで、大塚さん、ご家族は？
大　塚　はい。茨城の実家に両親がいます。あ、そうだ、先生、私、どうしても聞きたいことがあって……。
昇　平　何ですか？
大　塚　私、1週間後に資格試験を控えているんです。資格を取って、転職しようと思ってて……。さっき、イライラしてたって言ったのも、今の職場じゃ給料も少なくて、正直将来が不安で、むしゃくしゃしてたんですよね。それで先生、私、試験には出られますか？　大丈夫ですよね？

　もし、勾留されてしまえば、10日間は拘束されてしまう。1週間後の試験を受けるのは無理だ。
　勾留決定を阻止しなくては。昇平は、勾留請求がされる可能性があること、勾留決定が出てしまったら、1週間後の試験を受けることは難しいことを伝えた。

昇　平　お話を聞く限りだと、被害者の方と面識もありますし、怪我も結構ひどそうなので、勾留決定されてしまう可能性もあると思いますが、できる限りのことはしましょう。
大　塚　先生、お願いします。

聞けば、大塚さんは預金もほとんどなく、とても弁護士費用を用意できそうにないとのことだった。
　そこで、昇平は、刑事被疑者弁護援助制度を利用して受任することに決めた。

昇　平　わかりました。お引き受けします。被疑者援助制度といって、弁護士費用を立て替えてくれる制度がありますので、それを使うというのはいかがですか？
大　塚　そんな制度があるんですね。よかった。ぜひ、そうしてください。
昇　平　審査の結果によっては、あとから返済を求められる場合もあります。もっとも、弁護士費用を用意できない方のための制度なので、資力がなければ返済を求められることはないと思いますよ。
大　塚　そうなんですね。
昇　平　ところで、ご両親の連絡先を教えてもらえますか。身元引受人になってもらう必要があるので、やはり連絡はとらなければいけないと思います。
　　　　あと、被害者に弁償するお金って用意できそうですか？
大　塚　私自身は貯金がほとんどないので……。両親に相談してもらえますか。親戚中に頼めば、もしかしたら用意できるかもしれません。
昇　平　わかりました。あと、便箋を差し入れますので、誓約書を書いてもらえますか？　内容ですが……（略）。書いたら留置の人に渡して、宅下げを依頼してください。
　　　　弁護人選任届は、今書いてもらって、すぐ宅下げしましょう。留置の人に声をかけてくるので、ちょっと待ってくださいね。

　辞任届付弁護人選任届、名刺、便箋、被疑者ノート等の差入れ手続をした。留置係に弁護人選任届を書いてもらって宅下げしたいと伝え、接見室

に戻ると、すぐ留置の人が弁選を持ってきたので、その場で大塚さんに署名・指印をしてもらった。留置の人には、指印証明をお願いしておいた。誓約書も書いてもらった。よし、これで大丈夫だ。
　……って、何か忘れているような……。そうだ！　国選弁護人への切替えの説明もしなくては。

　昇　平　　万が一勾留された場合に、国選弁護人へ切替えの手続をする必要があるので……。国選弁護人というのは……（略）。裁判所で行う勾留質問のときに、国選弁護人の選任を希望することを話してください。
　大　塚　　はい、わかりました。

　接見終了後、留置係から辞任届付弁護人選任届を受け取った。ほっとしたのも束の間、接見妨害や不当な取調べについてちゃんと抗議しなければ。そうだ、ついでに刑事に弁選も提出しよう。

■解説

1　受任契約

1　受任義務

　東京弁護士会では、刑事弁護人推薦運営細則9条1項において「当番弁護士は、被疑者等からの弁護人選任の依頼があった場合には、原則として受任しなければならない」と定め、当番弁護士の受任義務を定めている。弁護人選任の申出を拒絶できるのは、利益相反が生じる場合など正当な事由がある場合に限られており、事務所の方針でDV加害事件、暴力団事件等一定の類型の事件が受任できないという理由は正当な受任拒否理由にはならないので、注意すべきである（受任できない事件類型が存在する場合、名簿に登録すること自体適当ではない）。

2　被疑者に資力がある場合

(1)　受任の方法

所属単位会の手続に従って受任する。

契約書を被疑者に差し入れる。契約書は、1枚を被疑者に渡し、1枚を弁護人が持ち、1枚を所属単位会に提出する（写しでかまわない）。東京弁護士会では後述の基準報酬額が記載された契約書が用意されているため、これを用いると便利である。

(2)　契約

契約を締結する際に、契約の内容を丁寧に被疑者に説明する必要がある。

契約の相手方は、被疑者になるのが原則であるが、事情により被疑者の親族等にする場合もある。その場合には、被疑者の意向および弁護人が被疑者の擁護者たる立場にあることを説明して理解を得たうえで、それらの者と契約する。

契約書の作成にあたっては、依頼の内容が起訴前のみの弁護活動であるのか、第一審終了までの弁護活動であるのかを明記する。

(3)　着手金および報酬について

弁護士が当該被疑者と受任契約をするか否か、また、契約をするとして、その内容をどのようにするかは、本来、自由である。ただし、以下の金額を上回る契約をする場合には、所属単位会への報告を求められることなどがある（詳細は、各自の所属単位会に確認されたい）。

「弁護士は、経済的利益、事案の難易、時間及び労力その他の事情に照らして、適正かつ妥当な弁護士報酬を提示しなければならない」という弁護士職務基本規程24条の趣旨を踏まえた適正・妥当な着手金・報酬を定めるべきであり、身体拘束されている被疑者の弱みにつけ込むようなことがあってはならない。

東京弁護士会所定の契約書には、下記東京弁護士会刑事弁護人推薦運営細則12条記載の基準報酬額が記載されているため、これを上回る契約をする場合、なぜそのような契約額とするのか丁寧に説明する必要がある。

① 被疑者段階の弁護活動の着手金として20万円＋消費税
② 公判請求されなかった場合（不起訴・略式命令）は、報酬金として30万円＋消費税
③ 公判請求された場合、起訴後第一審終了までの弁護活動の着手金として30万円＋消費税

④　第一審終了による報酬金として30万円＋消費税
(4)　東京弁護士会の運用
　所属単位会によって異なるが、東京弁護士会の場合、着手金および報酬金を受領した場合には、遅滞なく、受領額の1割の納付金を弁護士会に支払わなければならない（刑事弁護人推薦に関する規則4条）。そのため、着手金および報酬金に消費税を付したうえで、計算した納付金を弁護士会財務課に持参するか、財務課備付の振込用紙を使用して振り込まなければならない。

3　被疑者等に資力がない場合
(1)　受任手続
　刑事被疑者弁護援助制度の手続に従って受任する。この援助制度は、全面的な被疑者国選弁護制度が設けられていない現状に鑑み、勾留前の被疑者で資力がない場合に、弁護士報酬と費用を援助するものである。
　東京弁護士会では、被疑者に対して刑事被疑者弁護援助制度の説明をしなければならないとされているので、必ず行うことを忘れないようにしなければならない（刑事弁護人推薦運営細則8条4項）。
　当番弁護士は、所定の申込書（東京弁護士会では会員専用サイトからダウンロードできるし、当番弁護士マニュアルにも書式が掲載されている）に必要事項を記入のうえ、法テラス東京地方事務所宛てに申込書を提出する（とりまとめは東京三弁護士会法律援助事務センター）。この申込書には、原則として被疑者の自署が必要なので、接見の際に差入れをして署名・指印をしてもらう（未成年者等、本人に署名・指印してもらうことが困難ないしふさわしくない場合には、本人に援助制度利用申込みの「推定的意思」があれば、弁護士が本人の氏名を記名することで足りる扱いになっている）。指印証明は不要である。審査は随時行われており、結果は速やかに各弁護士に連絡される。なお、審査結果の連絡が来る前であっても、弁護人として活動することに問題はない。
　この援助は、援助対象者が次の要件を充たす場合に行われる。
① 　逮捕された被疑者であること
② 　申込者の現金または預金、貯金その他金融資産の合計が50万円未満であること（ただし、医療費・教育費・借入金の返済金または家賃の支払いがあるなど、やむをえない事情により生計が困難と認められる場合は、援助を開始することができる）

③　弁護士に依頼する必要性があり、かつ相当性があること

被疑者には、審査の結果によっては援助が得られないこともあること、援助が認められても償還を求められる可能性があることをあらかじめ説明しておく必要がある。

(2)　辞任届付弁護人選任届

当番で出動後、援助制度利用により受任する場合、辞任届付弁護人選任届（会員専用サイトでダウンロードできる）を利用する。

(3)　報告書の提出など

弁護人は、事件終了後、速やかに所定の結果報告書を法テラスに提出する。その後、法テラスから弁護士報酬の金額などが記載された決定書が弁護士に送付され、後日、指定口座に振り込まれる。

被疑者が勾留され、弁護人がそのまま国選弁護人になろうとする場合の手続は、後記②4(4)ア（52頁）参照。

4　当番弁護士自身が受任できない場合

前述のように、東京弁護士会においては、被疑者から選任の申出がなされた場合には、当番弁護士自ら弁護人として活動するべき義務がある（受任義務）。受任拒絶や受任後の辞任ができるのは、不法・不当・不能な弁護活動を強要されたり、約束した着手金が支払われないなど、被疑者との信頼関係が維持できない場合である。

(1)　受任を拒絶できない場合

被疑者や関係者が暴力団構成員であることのみを理由として受任を拒絶できない。

被疑者等の態度が悪く、トラブルの発生が予想できる場合や、現に被疑者等と弁護活動などをめぐって対立した場合でも、不法・不当・不能な弁護活動を強要されたり、弁護費用が不払いとなってからはじめて受任拒絶ないし辞任が可能となる。

所属事務所との関係では、他の弁護士に当番弁護士制度への理解を求める、打合せ時間を他の来客がない時間に調整するなどの措置をとっておかなければならない場合がある。所属事務所から当番弁護士制度への理解を得られず、当番弁護士としての活動に支障が生じる場合は、名簿登録の抹消を検討する必要がある。

(2) 受任の義務がある場合

　被疑者の申し出る内容が支離滅裂であるなど、精神障害が疑われるような場合でも、被疑者の弁護人選任意思自体が認められる場合には、受任義務はある。

　支離滅裂な内容の依頼がなされ、不能な弁護活動を求められているような場合、責任能力に問題があることも考えられるから、極力弁護人としての活動を継続するのが相当であろう。

(3) 共同受任・複数弁護の場合

　重大事案・複雑困難事案など、共同受任が相当と考えられる場合、あるいは被疑者から複数弁護を要望された場合にも、当番弁護士自身が受任すべき義務を負う。

　1人では対応困難な場合、刑事弁護委員会に申し出れば適切な弁護士を紹介してもらうことができる。被疑者に対しては、別途費用がかかることを十分説明すべきである。

(4) 弁護費用不払いの場合

　弁護費用を支払う資力がないと認められる場合には、弁護費用不払いを理由として受任拒絶できない。

　被疑者に資力がない場合には、刑事被疑者弁護援助制度について説明して利用を勧め、選任申出があれば受任する。

(5) 受任拒否の可否に疑問がある場合

　その他、受任拒否の可否に疑問がある事案に遭遇した場合には、各単位会の担当事務局に連絡し、相談する。受任拒否ないし辞任をした場合には、直ちに審査請求書を作成して提出する。

(6) 他の弁護士会の場合

　以上は東京弁護士会の場合であるが、他の弁護士会で受任ができない場合には、所属弁護士会の事務局・委員会に相談をする。

5　弁護士報酬に関する諸問題

(1) 被疑者が、着手金20万円、報酬30万円の標準額は支払えないが、数万円の支払いによる選任を申し出た場合

　被疑者に標準額を支払うだけの資力がない場合に変わりはないのであるから、援助制度を利用するべきである。刑事被疑者弁護援助制度を利用するに

先立って取り交わす日本弁護士連合会委託援助業務に関する契約10条により、別途の着手金等の受領は原則として禁止され、被疑者申出の数万円を受領するには法テラス地方事務所長の承認を要する。むしろ、被疑者の申出の趣旨を生かすために、被疑者申出の数万円は法テラスへの一部償還のための資金に充てることとなる。被疑者が提供できる金額が償還額を超える場合には、贖罪寄付等を検討する場合もあろう。

(2) 被疑者が標準報酬の支払いを申し出たが、その資力に疑いがある場合

　弁護士報酬の支払いが不確実と考えられる場合、受任契約と同時に、通常の契約書と併せ、念のため援助制度用の申込書にも署名してもらう方法によるべきであり、選任の申出がある以上、受任を先送りしてはならない。

　弁護活動開始後、いずれの方向によるかが確定した段階で、使用しないほうの書類を破棄する。このような場合、被疑者本人には、あらかじめ事情をよく説明しておかなければならない。

(3) 被疑者段階の標準報酬額を支払う資力はあるが、起訴後の弁護士報酬を支払う資力はない場合

　起訴後の弁護士報酬を支払う資力がないため、起訴されてしまった場合、辞任手続をとることになる。そして、援助制度を利用しない私選で受任し、起訴後に国選に移行する場合、原則として国選弁護人に選任されないため、起訴後に弁護人が交替する結果となり、被疑者・被告人に不利益を与えることになる。そのため、刑事被疑者弁護援助制度を利用して受任するべきである。

(4) 被疑者が所属する暴力団の兄貴分が弁護士報酬を支払うとして当番弁護士に選任を申し出た場合

　暴力団員であることのみを理由に受任を拒絶できない以上、弁護士報酬を受領することも差し支えない。しかし、暴力団との関係を絶たせる弁護活動の一環として、被疑者に対し刑事被疑者弁護援助制度の利用を勧めるべき場合も考えられる。

(5) 起訴後保釈手続を行った場合

　保釈手続を行っても当然に標準報酬と別途の保釈報酬を請求することはできず、合計金額が標準額を上回る限り、所定の報告を要する。

(6) 被疑者が標準額以上の支払いを申し出た場合

　被疑者からの申出による場合でも、標準額を上回る以上、所定の報告を要する。

(7) 刑事被疑者弁護援助制度による受任後、親族などから標準報酬額の支払いを受けることが可能となった場合

　法テラスに対して援助申請の取下げを行うことにより、通常事件扱いに切り替え、あらためて標準報酬額での契約を行うことができる。

6　弁護人選任届の提出

　受任した場合、警察・検察・裁判所に弁護人が選任されている事実を知らせるために弁護人選任届を提出する必要がある（下記①②は辞任届付弁護人選任届も同様）。弁護人選任届の提出先は、以下のように手続の段階によって異なるので注意する必要がある（なお、刑訴規則17条参照）。

① 　検察庁への送致前→事件を担当している警察署（宛先は「警視庁○○警察署長」となる）

② 　検察庁への送致後→送致先の検察庁（宛先は「東京地方検察庁」ないし「東京区検察庁」となる）

③ 　起訴後、裁判体配点前→裁判所の事件係（宛先は「東京地方裁判所」ないし「東京簡易裁判所となる」

④ 　起訴後、裁判体配点後→裁判所の担当部（宛先は同上）

　また、その後の手続で弁護人選任届の写しが必要となるため、コピーを用意し、原本提出時に写しに受理印を押してもらう必要がある（原本提出時に写しを作成してくれる警察署が多いが、運用が変わる可能性もあるため、写しを用意したほうが安全である。東京地検の場合、地下1階のコンビニにコピー機が設置されている）。

　なお、警察署で注意しなければならないのは、勾留場所になっている警察署と捜査を担当している警察署が異なる場合である。この場合、捜査を担当している警察署が弁護人選任届の提出先になる。両者が一致している場合、接見してそのまま弁護人選任届を提出できて大変便利であるが、不一致の場合は翌日に送致先の検察庁に弁護人選任届を提出したほうが楽なこともあるため、ケースバイケースで提出先を考えることになる。

　また、上記のように送致先が地検なのか区検なのかによって提出先が異なるうえ、東京地方検察庁の場合、刑事部の担当事件の場合は刑事部事務室、公安部の担当事件の場合は公安部事務室に提出することになる。そのため、あらかじめ東京地方検察庁の代表番号に電話をし、「担当検察庁、担当検事を

知りたいので事件担当をお願いします」と言って、担当検察官などを確認しておくとスムーズである。

2 被疑者国選の対象事件

1 被疑者国選弁護制度の意義

　被疑者・被告人の権利擁護には、弁護人の援助を受ける権利を実効的に保障することが重要である。被疑者段階における弁護の必要性は、被告人段階に勝るとも劣らない。被疑者段階で虚偽の自白を強要された冤罪事件の歴史が、それを証明している。

　日弁連・弁護士会は、被疑者段階での国選弁護制度の導入を提唱してきた。松江人権大会での宣言、大分での当番弁護士制度発足と全国への拡大、法律扶助協会による刑事被疑者弁護援助制度の開始、当番弁護士等緊急財政基金の創設など、各種の活動が実って、2006（平成18）年10月から被疑者国選弁護制度が導入されるに至り、2009（平成21）年5月21日からは、対象事件の範囲が大幅に拡大され、2018（平成30）年6月からは、すべての勾留事件に対象範囲が拡大された。

2 制度の概要

(1) 対象事件

　2018年6月から、対象とされる事件の範囲が拡大され、勾留されたすべての事件が被疑者国選弁護制度の対象事件となっている（刑訴法37条の2）。

(2) 選任方法

　原則は被疑者の請求による（刑訴法37条の2、37条の3）。例外的に職権選任がある（刑訴法37条の4）。

(3) 選任時期

　被疑者に勾留状が発せられている場合および勾留を請求されている場合である（刑訴法37条の2）。

(4) 添付書類

　資力申告書、不在通知または不受任通知（被疑者の手元にある場合）。

(5) 選任要件

　被疑者国選の選任要件は、「貧困その他の事由により弁護人を選任すること

ができないとき」である（刑訴法37条の2第1項）。被疑者は、この場合、国選弁護人の請求をすることができる。そして、同時に資力申告書を提出する必要がある（刑訴法37条の3第1項）。

この資力申告書の提出によって、被疑者が「貧困その他の事由により弁護人を選任することができない」と認められれば国選弁護人の選任が行われる。

これに対して、50万円以上の資力があるときには、被疑者はあらかじめ弁護士会に私選弁護人選任の申出をしなければならない（刑訴法37条の3第2項）。この申出をしたが、弁護人となろうとする者がいないか、あるいは紹介した弁護士が選任申込みを断った場合（刑訴法37条の3第3項）には、国選弁護人が選任されることになる。

3 日本司法支援センター（法テラス）との契約

被疑者国選弁護人になるためには、法テラスとの間で国選弁護人契約を締結し、弁護士会に被疑者国選弁護担当者として登録されていることが必要である（ただし、契約が未了の場合でも、被疑者国選弁護人となる意思がある旨の書面を提出する際に契約をすることにより、国選弁護人となることが可能である）。この契約には、即決裁判に関する一括国選弁護人契約と、それ以外の普通国選弁護人契約の2類型がある。

報酬は、契約約款に定められた報酬基準によって算定される。具体的には、接見回数に応じた基礎報酬に、多数接見加算（接見回数が基準回数を超えた場合）、遠距離接見加算（直線距離で片道25キロメートル以上または経路で片道50キロメートル以上の移動を要した場合）、特別成果加算（身体拘束からの解放や示談の成立が実現した場合）がなされる。

また、費用として、遠距離接見交通費（往復100キロメートル以上の移動を要した場合）、通訳人費用が支払われる。

4 被疑者国選弁護の手続
(1) 私選弁護人選任請求

被疑者が、私選弁護人選任請求をする（資力が50万円以上の被疑者が国選弁護人選任請求するには、必須の手続である。資力が50万円未満の被疑者もこの手続を行うことができるが、国選弁護人選任請求に必須ではない）。

① 被疑者が警察の留置場にいる場合には、警察に備え置かれている私選弁

護人選任請求書に必要事項を記入し、留置係が弁護士会に取り次ぐ。具体的には、ファクス送信する。取調中に取調べ警察官に申出をしても協力はしてくれないので、房に戻ってから手続を行う。
② 被疑者が検察庁での取調中などに私選弁護人選任申出を希望しても、検察官は協力してくれないので、警察に戻ってから手続を行う。
③ 裁判所で勾留質問など裁判官の面前で申出をした場合には、書記官が私選弁護人選任申出通知書を作成して、弁護士会に取り次いでくれる。

(2) 弁護士会の受付事務等

　申出先は、東京の場合は弁護士会が3つあるので、東京三弁護士会刑事弁護センターに取り次ぐ。

(3) 弁護士の活動

　当番弁護士は、被疑者に接見し、私選申出により紹介された弁護士であることを自己紹介する。弁護士会は、被疑者に○○弁護士を紹介する、という連絡をしないので、この自己紹介が、弁護士会から被疑者への紹介事務に該当する。

(4) 被疑者に資力がない場合

　被疑者に資力がなく、私選受任が不可能である場合には、出動時期等によって手続が変わってくる（この資力とは、50万円で分けるのではなく、当該弁護士に対する私選弁護費用を支払えるか否かが基準となる）。

　被疑者が、当番弁護士が国選弁護人となることを希望し、当番弁護士もそれを希望する場合には、当番弁護士は、法テラスに対して、当該被疑者の被疑者国選弁護人となる意思がある旨の書面を提出する。それにより、法テラスから、被疑者国選弁護人として指名・通知され、裁判所から国選弁護人に選任されることとなる。

　具体的な手続は次のとおりである（なお、必要な書式は『当番弁護士マニュアル』に掲載されている）。

ア　逮捕段階で当番弁護士として出動し、勾留前援助を利用して受任（私選）した後、勾留決定を受けて被疑者国選に切り替える場合

(i) 原則的な手続
① 当番弁護士として接見時、勾留質問の際に国選弁護人の選任申出を行うよう被疑者に対して指示する。
② 勾留質問前に辞任届付弁護人選任届を提出する。

③　国選弁護人の選任に関する要望書を作成して法テラスに持参もしくはファクスする。法テラスに要望書の提出が遅れると、他の弁護士が国選弁護人に選任される可能性があるため、当番弁護士としての接見後、速やかに(接見当日中、遅くとも勾留質問日の始業時までに)「国選弁護人の選任に関する要望書」を提出する(なお、勾留請求前でも要望書の提出は可能)。
④　東京三弁護士会法律援助事務センターに終結報告書を提出する。
　なお、弁護士が裁判所に対して直接国選弁護人の選任を求めることを希望する場合は、後記(ii)の手続と同様に国選弁護人選任請求書・資力申告書等の必要書類を裁判所に持参することも可能である。
(ii)　被疑者本人が勾留質問時に国選弁護人の選任申出をすることが困難と思われる場合 (ex.知的障害や精神障害がある場合、外国人で意思疎通が困難な場合等)
①　国選弁護人選任請求書・資力申告書に必要事項を記入し、被疑者の署名・指印をもらって宅下げしてもらう。
②　勾留質問前に辞任届付弁護人選任届を提出する。
③　要望書を作成して法テラスに持参もしくはファクスする。
④　弁護人が国選弁護人選任請求書・資力申告書原本、要望書写し、辞任届付弁護人選任届写しを裁判所に持参する。勾留請求されてからでないと裁判所は受領しないので注意を要する。その後、法テラスの国選指名手続を経て、裁判所から選任命令を受けることになる。裁判所には勾留質問日の午前11時までに必要書類を提出するようにする。
⑤　東京三弁護士会法律援助事務センターに終結報告書を提出する。
　なお、当番で派遣された弁護士を国選弁護人とすることを被疑者が希望しない場合には、被疑者国選弁護制度の利用が可能であることを説明し、接見終了後に、弁護士が不受任通知を作成して弁護士会に代わって被疑者に交付する。逮捕後勾留前であれば勾留手続の際に、勾留後であれば留置係等を通じて、国選弁護人選任請求書・資力申告書とともに裁判所へ提出するよう指示をする。
イ　逮捕段階で当番弁護士として出動し、勾留前援助を受けずに被疑者国選弁護人として選任される場合
(i)　原則的な手続
①　弁護士会等から送付されてきた私選弁護人選任申出書の所定欄に記入を

する。そのうえで1部は被疑者に差入れし、もう1部は控えと弁護士会への報告をするために持ち帰る。
② 当番弁護士として接見時、勾留質問の際に国選弁護人の選任申出を行うよう被疑者に対して指示する。
③ 国選弁護人の選任に関する要望書を作成して法テラスに持参もしくはファクスする。法テラスに要望書の提出が遅れると、他の弁護士が国選弁護人に選任される可能性があるため、当番弁護士としての接見後、速やかに（接見当日中、遅くとも勾留質問日の始業時までに）「国選弁護人の選任に関する要望書」を提出する（なお、勾留請求前でも要望書の提出は可能）。

　なお、弁護士が裁判所に対して直接国選弁護人の選任を求めることを希望する場合は、後記(ii)の手続と同様に国選弁護人選任請求書・資力申告書等の必要書類を裁判所に持参することも可能である。
(ii) 被疑者本人が勾留質問時に国選弁護人の選任申出をすることが困難と思われる場合（ex.知的障害や精神障害がある場合、外国人で意思疎通が困難な場合等）
① 弁護士会等から送付されてきた私選弁護人選任申出書の所定欄に記入をする。そのうえで1部は被疑者に差入れし、もう1部は控えと弁護士会への報告をするために持ち帰る。
② 国選弁護人選任請求書・資力申告書に必要事項を記入し、被疑者の署名・指印をもらって宅下げしてもらう。
③ 要望書を作成して法テラスに持参もしくはファクスする。
④ 弁護人が不受任通知と国選弁護人選任請求書・資力申告書原本・要望書写しを裁判所に持参する。勾留請求されてからでないと裁判所は受領しないので注意を要する。その後、法テラスの国選指名手続を経て、裁判所から選任命令を受けることになる。裁判所には勾留質問日の午前11時までに必要書類を提出するようにする。
ウ　勾留後に当番弁護士として出動し、被疑者国選弁護人として選任される場合
① 弁護士会等から送付されてきた私選弁護人選任申出書の所定欄に記入をする。そのうえで1部は被疑者に差入れし、もう1部は控えと弁護士会への報告をするために持ち帰る。
② 国選弁護人選任請求書・資力申告書に必要事項を記入し、被疑者の署名・

指印をもらって宅下げしてもらう。
③　要望書を作成して法テラスに持参もしくはファクスする。
④　弁護人が不受任通知と国選弁護人選任請求書・資力申告書原本・要望書写しを裁判所に持参する。勾留請求されてからでないと裁判所は受領しないので注意を要する。その後、法テラスの国選指名手続を経て、裁判所から選任命令を受けることになる。裁判所には当番弁護士としての接見後、速やかに必要書類を提出するようにする。

5　国選弁護人としての活動開始

　法テラスからの電話で指名打診を受けて国選弁護人に選任される場合、指名打診を受諾した時点から国選弁護人として活動することが可能であり、報酬算定の対象となる（法テラスの指名打診を受諾した後、裁判所から指名の連絡が入る場合もある）。そのため、選任命令書を受領していなかったとしても、国選弁護人として速やかに接見に行く必要がある。

　なお、被疑者国選弁護人として警察署または拘置所で接見した際は、報酬請求時に必要になる「日本司法支援センター提出用　接見資料」を受領するのを忘れないように注意する必要がある（裁判所、検察庁での接見は不要である）。接見申込書を作成する前に、係官に対して「法テラスの紙をください」と伝えれば同資料を渡してくれる。同資料を接見申込書の下に入れ、申込書の所定欄に記入すれば複写されるので、申込書を係官に渡し、同資料を持ち帰る。

（当番・扶助事件→被疑者国選移行用　弁護人持参書式）
国選弁護人選任請求書・資力申告書

東京地方裁判所裁判官　殿
　　※　該当する箇所の□印を■に塗りつぶし，必要事項を記入して作成してください。

1　次の事件について，2に記載した理由により私選弁護人を選任することができないので，国選弁護人の選任を請求します。
　なお，国選弁護人制度に関する説明は理解しました。

　　事件名　　　　　傷　害

2　理由
　　　　※　(2)の□印を■に塗りつぶした場合で，東京にある弁護士会から通知書を受け取っているときは，この請求書と一緒に提出してください。

　■　(1)　貧困のため
　□　(2)　平成＿＿年＿＿月＿＿日，東京にある弁護士会に対して，私選弁護人の選任を申し出て，紹介された弁護士を私選弁護人として，選任することができなかったため
　□　(3)　その他の理由（具体的に書いてください。）

3　資力申告　　※　**必ず記入して下さい。**
　私の次の資産の合計額（資力という。）と内訳は，記載したとおりで間違いありません。

（注意）　裁判官の判断を誤らせる目的で，その資力について虚偽の記載をした場合は，10万円以下の過料に処せられることがあります。

　　内訳　現金　　　　　　　　　　　（□無　■有　→　約　　2万　　円）
　　　　　金融機関に対する預貯金　　（□無　■有　→　約　　5万　　円）
　　　　　社内預金等　　　　　　　　（■無　□有　→　約　　　　　円）
　　　　　金融機関の自己宛小切手　　（■無　□有　→　約　　　　　円）
　　　　　郵便為替　　　　　　　　　（■無　□有　→　約　　　　　円）
　　　　　合計　　　　　　　　　　　　　　　　　　　約　　7万　　円

※　金融機関に対する預貯金とは，預金のほか，郵便貯金又は農業協同組合，農業協同組合連合会，漁業協同組合，漁業協同組合連合会，水産加工業協同組合若しくは水産加工業協同組合連合会に対する貯金のことです。
※　社内預金等（船員の場合は船舶所有者）に対する貯蓄金又は公務員共済組合，公務員共済組合連合会若しくは日本私立学校振興・共済事業団に対する貯金のことです。

　　平成＿〇＿年＿〇＿月＿〇＿日

　　　　　　　　　　　　　　　　　　　　フリガナ　　オオツカ　ゴロウ
　　　　　　　　　　　　　　被疑者　氏名　　　　　大塚悟郎　　　　　印
　　　　　　　　　　　　　　　　　　　（　〇〇　年　〇　月　〇　日生）

（本人に署名・指印をしてもらう）

- -

※　以下は，弁護士記入欄
　■　被疑者国選弁護人への切替え
　　　当職は，上記事件について，上記被疑者からの私選弁護人選任申出に基づき，当番弁護士として接見した者です。被疑者に対して，被疑者国選弁護人選任に関する手続について説明しました。
　　　被疑者より，国選弁護人選任請求の回答を受けており，当職は，上記被疑事件につき，国選弁護人として受任する意思があります。また，国選弁護人選任に関する要望書は，日本司法支援センター東京地方事務所に提出いたします。
　　○添付書類　□　不受任通知書　　（※　資力が50万円以上の場合のみ提出）
　　　　　　　　■　辞任届写し（検察庁の受理印があるもの）　（※　弁護人選任届出済みの場合のみ提出）
　　　　　　　　■　国選弁護人選任に関する要望書写し
　　○留置・収容場所　桜田　　（取扱署　　　　　　）　逮捕日　平成　〇　年　5　月　14　日
　　平成　〇　年　〇　月　〇　日
　　　　　　　　（東京・第一東京・第二東京）弁護士会所属　弁護士　　大宮昇平　　　印

法テラス東京　国選弁護人の選任に関する要望書　（被疑者・被告人用）

年　月　日

日本司法支援センター東京地方事務所　御中

当職は、下記事件につき、被疑者・被告人より国選弁護人選任請求予定（済み）である旨連絡があり、国選弁護人として指名通知されることを要望します。**裁判所から指名通知依頼があった場合には、本書を以って受任意思あるものとして当職を指名通知することを予め承諾致します。**

弁護人情報	弁護士名	大宮　昇平　印	登録番号	○○○○○
			所属	■東弁　□一弁　□二弁　□（　　　）弁護士会
	休日電話(携帯)	03-○○○○-○○○○	休日FAX	03-○○○○-○○○○
	契約締結	□国選弁護人契約締結済み　【注意】契約未締結の場合は、指名通知できません。		

選任を要望する事件情報	■被疑者　□被告人（□一審　□控訴　□上告）	フリガナ	オオツカ　ゴロウ
		氏名	大塚悟郎　【注意】通称や異名がある場合でも、本名を記載して頂くようお願いします。
	生年月日		年　月　日
	事件名	傷害	
	勾留場所	桜田　　（■警察署　□警視庁分室　□拘置所　□拘置支所）	
	事件の進行状況	■逮捕日（5 / 14）・■勾留(予定)（5 / 17）・□起訴（　/　） ※いずれかにチェック及び日付の記入してください	

【注意】裁判所から、指名通知することが相当でないと連絡が法テラスにあった場合、また、法テラスへの要望書提出や裁判所への手続が遅れた場合には、要望書を踏まえた指名通知が行われない可能性があります（詳しくは当番弁護士マニュアルをご参照ください）。

■①援助切替	当職は、本件について、当番弁護士または私選弁護人紹介手続に基づく弁護人として接見し、刑事被疑者弁護援助事件として受任し、（■勾留・□起訴）を受けて辞任した。
□②当番切替など	当職は、本件について、当番弁護士または私選弁護人紹介手続に基づく弁護人として接見したが、受任しなかった。
□③別件等	
□(ア)	当職は、同人について、先行する別事件を当番弁護士又は私選弁護人紹介手続に基づく弁護人として接見し、刑事被疑者弁護援助事件又は少年保護事件付添援助事件として受任している。
□(イ)	当職は、同人について、先行する別事件を国選受任している。
□(ウ)	当職は、同人について、別事件を被疑者国選弁護人として受任し、又は当番弁護士もしくは私選弁護人紹介手続に基づく弁護人として接見し、刑事被疑者弁護援助事件として受任していたところ、被疑者の釈放により弁護人選任の効力が失われたが、同人が同日再逮捕され、身柄拘束されている。
□(エ)	当職は、同人について、被疑者国選弁護人として受任していたところ、被疑者の釈放により国選弁護人選任の効力が失われたが、同人が同一事件について起訴されている。（被疑者国選弁護人選任時の事件番号:平成　年(記)　号）
□④求令状起訴	当職が被疑者国選弁護人として受任した事件が、被疑者勾留中に求令状起訴された。
□⑤原審国選弁護人	当職は、同人について、原審国選弁護人として受任していた。 ⇒裁判所へ提出した継続選任を希望する旨の申入書を添付してください。
□⑥複数選任	当職は、同人について、すでに（　　　　　　弁護士）が国選受任している本件について、二人目以降の弁護人としての選任を希望する。（複数選任　　　人目）
□⑦逆送	当職は、本件について、国選付添人又は少年保護事件付添援助付添人（当番弁護士として接見済）として受任し、検察官送致（逆送）決定を受けて、付添人選任の効力が失われた又は辞任した。
□特記事項	＜上記②について、刑事被疑者弁護援助事件として受任しなかった理由、その他特記すべき事項＞

(2018.4)

送付先　法テラス東京　FAX 03-6911-0151

3　受任

（写しに受付印を押してもらう）

弁 護 人 選 任 届
（刑事被疑者弁護援助（勾留前援助）利用）

○年○月○日

　　　　　御中

　　　　　被　疑　者　　**大　塚　悟　郎**

　上記被疑者に対する　　**傷　害**　　被疑事件について，下記の弁護士を弁護人に選任しましたので，被疑者及び弁護人の連署をもってお届けいたします。

　　　　　被　疑　者　　**大　塚　悟　郎**　㊞

　　　　　（指印証明欄）

　事務所所在地　〒　　―

　　　　　電　話
　　　　　ＦＡＸ

　　　　　東京　弁護士会所属

　　　　　弁　護　人　　**大　宮　昇　平**　　　㊞

弁 護 人 辞 任 届

前　同　日

　　　　　御中

　当職は，上記被疑者に対する上記被疑事件について，勾留状が発せられた場合には，上記選任にかかる弁護人を辞任いたします。この場合，当職は，被疑者国選弁護人に選任されることを希望するものです。

　　　　　東京　弁護士会所属

　　　　　弁　護　人　　**大　宮　昇　平**　　　㊞

(被疑者・留置施設用)

平成　○　年　○　月　○　日

東京三弁護士会刑事弁護センター　御中
（㊦東京・第一東京・第二東京　弁護士会）

フリガナ　　オオツカ　ゴロウ
氏　名　　　大塚悟郎　　　㊞

（明治・大正・昭和・㊦平成）　○　年　○　月　○　日生　（㊚男・女）

収容場所　　桜田　㊦警察署・警視庁（　　　）分室
　　　　　　　　　　　　（連絡先：03-○○○○-○○○○　　）
収容場所と異なるときの取扱署　　　　　　警察署
　　　　　　　　　　　　　　（連絡先：　　　-　　　-　　　　）

私選弁護人選任申出書

私に対する下記の被疑事件について，私選弁護人選任（当番弁護士派遣）の申出をします。

記

1　■　逮捕日　／　□　勾留決定日　　平成　○　年　5　月　14　日
　※　勾留されている場合には勾留日の前の□を■に塗りつぶした上で勾留された日を記入してください。逮捕されてまだ勾留されていない場合には逮捕日の前の□を■に塗りつぶした上で逮捕された日を記入してください。

2　罪　名・罰　条　　　　傷害
　※　逮捕・勾留された事件の罪名・罰条を記入してください。

3　添付書類　　□　有り　　■　無し

〜〜〜〜〜〜〜〜〜〜〜〜〜〜〜〜〜〜〜〜〜〜〜〜〜〜〜〜〜〜〜〜〜〜

(以下は，弁護士会が通知をする際に記入する欄です。)

平成　○　年　○　月　○　日

申　出　人　殿
　　　　　　　　　　　　　　　（㊦東京・第一東京・第二東京）弁護士会

> 50万円以上の資力がある場合はチェックして差し入れる

通　知　書

貴殿からの上記の私選弁護人選任申出について，■印を付した事項を通知します。

□　当弁護士会が貴殿の弁護人となろうとする者として紹介し，貴殿と接見した　　大宮昇平　　弁護士は，貴殿の私選弁護人として受任しません。
※　この欄は被疑者から私選弁護人選任申込みがあったときに使用します。

□　当弁護士会には，貴殿の弁護人となろうとする者がいませんでした。
※　国選弁護人選任請求をする際には，この書面も提出してください。

3　受任

❹ 取調べに対する抗議

口頭での抗議

　さっそく昇平くんは、留置係の警察官に取調べ担当警察官と会いたい旨を伝え、呼び出してもらった。5分ほど待たされたが、担当の鳥居警察官が留置係の前までやってきた。

　鳥居警察官は、言葉は丁寧であるが、鋭さがあり、ベテランという感じ。昇平くんに対しては、とても慇懃無礼な態度。やはり新米だから、侮られているのだろうか……。しかし、負けてはいられない。

昇　平　大塚さんは、警察の取調べがしつこいと言っています。また、大塚さんは「覚えていない」と言っているのに、鳥居さんから「覚えていないはずがない。認めたら帰してやるから。黙って済むと思うなよ」と言われ、戸惑っています。今後このようなことは厳にやめていただきたい。

警察官　先生、今回の被害者である寺岡さんの傷はとても重いんですよ。被害者のためにも、徹底的に事件について調べるのが警察の仕事であり、われわれはそれを遂行しているだけです。酒に酔って覚えていない、と言いますがね、ビール瓶で被害者の頭部を叩いています。覚えていないはずがないんです。長年、取調べをしていたら、覚えているのに覚えていないふりをしている奴かどうか、わかるようになるんですよ。まあ、長年の経験ですな。

昇　平　被疑者の取調べに関する規則がありますよね。大塚さんに対する警察官の取調べについて、厳重に抗議します。

警察官　ほお。規則と申しますが、どういうものですか。また、どういう点がその規則に反するのでしょうか。われわれとしては、適

　　　　　正に取調べをやっているつもりなんですけどね。
昇　平　いや、その……。
警察官　先生、申し訳ないですが、私も別件がありますので、本日は、
　　　　　これでお引き取りを。
昇　平　……。

　勢いで抗議したものの、鳥居警察官に丸め込まれてしまった。昇平くんは、少し意気消沈して警察署をあとにした。
　電車に乗ろうとしたところで、大塚さんの両親にまだ電話をしていなかったことを思い出した。まずい、時間に余裕はないんだった。昇平くんは、すぐに、大塚さんから聞いた番号に電話をかけた。
　電話には、大塚さんの母親が出た。とても驚いた様子だったが、一度事務所に来てもらえないか尋ねたところ、「夫の仕事が終わったあと、一緒に伺います」という返事をいただけた。

文書による抗議

　昇平くんが事務所に戻ったのは午後４時過ぎだった。大塚さんのご両親の来所までまだ時間がある。まずは、自分の席で被疑者取調べ適正化のための監督に関する規則の条文を読む。すると、ボスである児玉弁護士からどうだったと聞かれた。そばには兄弁の高橋弁護士がいた。昇平くんは、鳥居警察官とのやりとりについて、ボスと兄弁に話をした。

ボ　ス　そうだね、日本の警察署にはまだまだそういうところがあるんだよ。当番弁護士制度や取調べの適正化の方策が導入されて捜査にメスが入って、捜査機関も変わってきたとは思う。でもまだ全部が変わったわけじゃない。事件や相手によっては、まだまだ適正ではない取調べ態様を平気で行っているところもある。
高　橋　だからこそ、そういうひどい事件にあたったときはきちんと争

うべきだよね。1件1件きちんと争っていくことによって、実務は変わっていくんだから。

昇　平　だから、私もすぐに抗議しましたよ……。でも、ベテラン警察官に丸め込まれてしまいました。

高　橋　すぐに抗議したという熱意は重要だよ。民暴事件の暴力団なんかでも同じなんだけど、警察は、こっちがきちんとした法律上の手続をとって毅然とした態度で臨めば弱いもんだよ。そして、こちらが引かないことが大事だよ。ベテラン警察官が相手だからといって引く必要はまったくない。法律に違反するような取調べをやっているほうが悪いのだから。ところで、条文は見つかったかな？

昇　平　はい。

ボ　ス　そうしたら、今からでも遅くないから、抗議文をきちんと作って、警察署宛てに送ったらどうかね。とにかくその日のうちに抗議したということを形として残しておくんだよ。

昇　平　はい。

高　橋　ところで、弁護人選任届は警察に受け取ってもらえた？

昇　平　あっ。鳥居警察官に渡してくるのを忘れました……。

高　橋　なかには受け取ってくれないところもあるけどね。その場合には検察庁に提出するしかないけど、もし警察が受け取ってくれれば、捜査記録と一緒に検察庁に届くから手間は省けるね。そういえば、大塚さんの「酔っていて覚えていない」という話や、鳥居警察官の違法取調べの話は、メモに残しているかい？

昇　平　はい。自分の接見メモにも残していますし、念のため、大塚さんにも、被疑者ノートにメモしてもらっています。

高　橋　それなら、被疑者ノートの宅下げを受けて、確定日付をとっておいたほうがいいね。

昇　平　わかりました。では、公証役場で確定日付をもらってきますね。

■解説

違法逮捕・違法捜査が行われた場合、弁護人として、いかに対処すべきだろうか。

1 違法な逮捕・捜査

次のような場合が考えられる。
① 逮捕手続に違法があったとき
② 弁護人選任の妨害、接見妨害
③ 取調べにおける暴行、脅迫に基づく自白の強要
④ 利益誘導
⑤ 誤導、切り違え
⑥ 長時間の取調べ
⑦ その他

2 対処の仕方

弁護人は、あらゆる方法を駆使して、証拠を保全し、違法捜査をやめさせるために全力を尽くす必要がある。

1 担当検察官と担当裁判官への要請

逮捕手続において違法があったときは、警察当局に対して、また担当検察官に対して、その違法性を指摘し、直ちに釈放するよう要求する。

また勾留質問にあたっては、担当裁判官と面会し、勾留決定をせず、釈放するよう、要請する。

いずれの場合も、弁護人の意見を文書でまとめて提出し、かつ面会を求めて口頭による補足説明を行うべきである。

2 証拠保全

逮捕時または取調べにおいて、被疑者に対する暴行その他前記②〜⑥が行われた場合の証拠保全について、弁護人は、次のような証拠保全を行う。

① まず接見のときにその事実を被疑者から告げられたら、直ちにその事実を詳しく具体的に聴き取り、記録する。このメモについて、公証役場で確定日付をとる。このほかに作成日付を明確にする方法として、郵便局で消印を押してもらう方法や、自分宛てにファクスを送る方法などがある。弁護人作成の供述録取書にしてもよいが、被疑者の署名・指印をもらうのは、その途上で警察官に接見内容を知られてしまうので、慎重に検討すべきである。また、暴行が加えられて怪我をしたと告げられた場合は、その場で写真撮影を行い記録する。刑事施設・留置施設における写真撮影が許されるか議論があるところであるが、日弁連は、2011（平成23）年1月20日付「面会室内における写真撮影（録画を含む）及び録音についての意見書」において、刑事施設などにおける録音などを行うことは憲法・刑事訴訟法上保障された弁護活動の一環であって、接見・秘密交通権で保障されており、制限なく認められるとの意見であり、同意見を踏まえた弁護活動が望まれる。

② 被疑者がすぐに思い出せないときは、記憶の限りでメモをとり、あとは便箋と筆記用具を差し入れて、メモさせる。長時間の取調べが行われているときなどは日記を書かせる。「被疑者ノート」を活用するのも有用である。あとで宅下げして、それに確定日付をとる。なお、メモや日記の扱いに注意することは上記①と同じである。

③ 捜査当局に、医師に診断と診療をさせ、診断書を書かせるよう要求する。

④ 刑事訴訟法上の証拠保全の請求（刑訴法179条1項）を行う。要件を具備していることを明らかにするために、請求書において、事件の概要、証明すべき事実（逮捕時に暴行され、公務執行が違法に行われた事実など）、証拠（受傷の身体、着用していた衣服、被疑者の供述）および保全の方法（検証、証人尋問など）、証拠保全を必要とする事由、疎明資料（写真、供述書、メモ、見取図など）を具体的に記載する。

⑤ 仮に④がかなわないときも、国家賠償請求訴訟の訴え提起を前提に、民事訴訟法上の証拠保全（民訴法234条）を申し立てる。この申立ては、①被告となるべき都道府県の住所・名称、②証明すべき事実、③具体的証拠方法、④あらかじめ証拠保全を必要とする事由を記載した申立書と疎明資料を添えて、文書等を所持する者の居所または検証場所を管轄する地方裁判所または簡易裁判所に行う（民訴法235条2項、民訴規則153条）。

3　具体的に違法行為をやめさせるために

① 証拠保全行為をとること自体がその役割を果たす。
② このほか、苦情申立制度に基づく申入れを行い、やめるように指導することを要求する。
③ 正式な懲戒処分請求（国公法82条、地公法29条）、職権濫用罪などによる告訴・告発を行う。国家賠償請求（国賠法1条）も行う。
④ 取調べの可視化申入れをする。

　弁護人としての毅然とした態度をとることによって、捜査機関が被疑者に対する対応を改めることがある。警察署長や取調警察官の上司などに対して徹底して抗議することは有効である。

　また、弁護人も、接見妨害があった場合、国賠請求訴訟の原告になるのであるから、そのための証拠保全も怠らないようにしたい。

4　被疑者に対する指示

被疑者に対しては、
① 前記メモ、日記などで取調時の内容を保全するよう指示する。
② なによりも、憲法上の被疑者の権利をよく説明して、黙秘権を行使させ、調書に対して署名・押印を拒否するなどの指導を行う。なお、取調べの録音・録画がなされている事件では、調書に対する署名・押印拒否だけしても、録音・録画DVDが後に実質証拠として利用されてしまうリスクがあるため、注意が必要である（詳細については前記❷①2⑶〔25頁〕参照）。

5　毎日の接見

　虚偽の自白調書が作成されてしまうおそれがあるので、弁護人は、必要に応じて、毎日のように接見して被疑者を励まし、かつ取調官への抗議を続ける必要がある。

　なお、弁護人が否認している被疑者に黙秘や否認を続けるようにアドバイスを続けると、捜査機関が被疑者に対して、弁護人を誹謗中傷し、弁護人を替えるように仕向ける例が報告されている。そのためにも、弁護人としてとりうる法的措置を被疑者に十分に説明し、かつ、できる限り毎日接見に行くなどして信頼関係を築く必要がある。

❺ 勾留を防ぐ活動

意見書の起案

　午後9時過ぎ、大塚さんの両親が昇平くんの事務所にやってきた。
　大塚さんの父親は身元引受書を書いてくれた。身分証明書として免許証の写しもいただいた。とりあえず母親は東京に宿を借り、しばらく残るそうだ。昇平くんは、大塚さんの両親を見送った後、席についた。

高　橋　身元引受書は書いてもらえたんだね。
昇　平　はい。
高　橋　この後、どうするつもり？
昇　平　大塚さんは、1週間後に大事な資格試験があるんです。なんとか身体拘束を解かないと。
高　橋　身体拘束を解くにもいろいろ方法があるけど、どうするの？
昇　平　準抗告をします。大塚さんから誓約書ももらっていますし、資格試験に関する報告書も今から作成します。
高　橋　うん。準抗告もいいと思うけど、ほかには？
昇　平　ええっ？

　高橋弁護士から「勾留請求させないための活動」と「勾留決定をさせないための活動」について教えてもらった昇平くんは、さっそく、検察官に提出する意見書の起案を開始した。
　しかし、何から書き出せばいいのか、わからない。昇平くんは基本に立ち返り、刑事訴訟法のコンメンタールを引き、勾留の要件をおさらいした。コンメンタールを読んでいると意外に頭が整理されてきて、大塚さんに関する各事情を、それぞれどういう位置づけで整理すればいいかが見えてくる。昇平くんは接見の結果やご両親との面談の結果からわかった事情を整

理しつつ、意見書を書き始めた。

　勢いで意見書を書き上げる。時計を見ると、午前2時30分だ。疲れた昇平くんは意見書を印刷し、帰宅する。事務所の近くに家を借りて正解だった。

検察官との面会

　翌朝午前9時頃、担当検察官と面会しようと考え、検察庁に電話をかけた。

　検察庁　こちら東京地方検察庁です。
　昇　平　担当検事を知りたいのですが……。
　検察庁　被疑者名、警察署、逮捕日などを教えてもらえますか？
　昇　平　大塚悟郎、桜田警察署、5月14日です。
　検察庁　本日送検ですので、まだこの時間だと担当検事は決まっていませんね……。

　しばらくしてから再び電話をかけ、担当検察官を確認し、そのまま担当検察官に電話をつないでもらった。

　昇　平　大事な資格試験があるので、勾留請求はやめていただきたい。一度、会ってお話したいのですが。大塚さんの身元引受人であるお母さんも連れて行きます。
　検察官　先生、この件については、すでに勾留請求することを決めております。会ってもかまいませんが、お互いに時間の無駄ですよ。

　昇平くんはとりあえず検察庁へ赴き、担当検察官と会ったが、担当検察官は勾留請求という結論を変えなかった。
　午後6時頃、大塚さんが留置されている警察署に赴いた。受付の警察官が留置係に問い合わせてくれたが、まだ検察庁から戻ってきていないとの

こと。まだ時間がかかりそうなので、警察署の近くで夕食をとることにした。
　午後7時頃、警察署を再び訪れると、大塚さんは戻って来ていた。

昇　平　検事にどういうことを聞かれましたか？
大　塚　警察と一緒ですよ。「君は寺岡さんをビール瓶で殴ったという疑いで逮捕されているが、どういう経緯で殴ったのか？」ってね。
昇　平　何と答えたんですか？
大　塚　覚えてませんって答えました。
昇　平　ほかには？
　　　　（この後も接見が続く）

裁判官との面会

　昇平くんは事務所に帰り、裁判官への意見書作成に着手した。一生懸命作った検察庁宛ての意見書を微修正することにした。誓約書をもらっているので、それを反映した形に調整する。
　午後10時頃、高橋弁護士が帰宅の準備をしながら、昇平くんに話しかけてきた。

高　橋　意見書は終わりそうかい？
昇　平　ええ。昨日、気合いを入れて作ったので、それを微修正して提出する予定です。
高　橋　そうかい。ところで、勾留決定が出ないように活動しているところ、水を差すようで悪いのだけど、切替え手続の準備は大丈夫だよね？
昇　平　あっ、勾留決定を出させないつもりで頑張っていたので、すっかり忘れていました。しかも、切替え手続の仕組みがよくわからないのですが……。

高　橋	おいおい、大丈夫か。「辞任届付国選弁護人選任届」を提出しているよね？
昇　平	はい。
高　橋	じゃあ、法テラスに「国選弁護人の選任に関する要望書」をファクスするんだ。
昇　平	そうしたら、勾留決定が出た場合に、被疑者国選に切り替わるということですね。
高　橋	ほかには、勾留質問前に14部の裁判官に意見書を提出して、裁判官面会もするだろ。これは午前11時前くらいまでにやらないとダメだよ。そうしないと、裁判官は勾留質問の手続に入っちゃうから。
昇　平	なるほど。
高　橋	おっと、もう僕は帰るよ。ちょっと用事があるんで。
昇　平	ありがとうございました。

　昇平くんは、翌日、母親と待ち合わせて東京地裁第14部に向かい、裁判官と面会した。高橋弁護士に午前11時前に行け、と言われたため、午前10時頃に第14部に入った。結構若い感じの裁判官だ。裁判官からは、とくに重視してもらいたい事情は何かということと、意見書に書いてあること以外で付言したい事情はあるかということを問われた。昇平くんは裁判官に対して大塚さんの事情を訴えた。

裁判官	先生のご意見はわかりましたし、お母さんにもわざわざ来ていただきましたが、裁判所としては、勾留質問や検察官の意見も見て、勾留請求を認めるか否かを総合的に判断します。

■解説

　被疑者段階の弁護活動の中で最大のポイントのひとつが、捜査機関による身体拘束にどう対処するかである。身体拘束をされてしまうと、被疑者は仕

事を失うなど大きな不利益を受ける可能性が高まるし、そもそも身体拘束自体が被疑者に対して身体的・肉体的苦痛を強いるものである。

そこで弁護人としては、まずは検察官へ勾留請求しないように申し入れる、裁判官へ勾留決定しないように働きかけるなど、勾留させないための活動を行わなくてはならない。これらの活動は、逮捕段階の非常に限られた時間の中で行う必要があり、弁護人は時間との勝負なので迅速に行動すべきである。

1 逮捕後の流れ

被疑者が逮捕後勾留決定をされるまでに、どのような経過をたどるのであろうか。

東京では、ほとんどの場合、被疑者は逮捕の翌日または翌々日に検察庁に連れて行かれ、そこで弁解録取を受ける。そして、検察官は、その日中に、その事件について勾留請求をするかどうかの決定を行う。

もし、検察官が勾留請求をした場合、被疑者はその翌日に裁判所に連れて行かれ、担当裁判官から勾留質問を受けることとなる。そして、その場で、担当裁判官がその事件について勾留するか否かを決定する。なお、稀に勾留請求当日に勾留質問を受けるケースもあるので、注意をすべきである。留置係に、裁判所への押送も予定されているか確認するとよい。

当番弁護制度で出動した場合など、逮捕段階において被疑者と接見をした際には、その事件がいつ検察庁・裁判所に送られるのかを必ず確認しなくてはならない。確認の方法は、接見時に留置担当警察官に聞くか、捜査担当警察官に問い合わせればよい。

2 勾留請求をさせないための検察官に対する働きかけ

1 意見書の提出時期

弁護人は、検察官が勾留請求するか否かを決める前に、検察官に対して、勾留請求をしないよう働きかけを行うべきである。

具体的には、逮捕翌日または逮捕翌々日の検察官による弁解録取の前に、検察官に対して意見書を提出するとともに、検察官に積極的に面会を求め、その事件で被疑者を勾留すべきではないことを主張する。検察官による弁解

録取はいつ始まるのかわからないため、検察庁における取調べが行われる当日の朝一番には担当検察官宛てに意見書を送付しておく必要がある。東京では、担当検察官が決まる前であっても、検察庁に意見書をファクス送信しておけば、担当検察官が決まった時点でその検察官に意見書を手渡してもらうことができる。

逮捕の翌日または翌々日には事件が送検されるのであるから、初回接見後すぐに提出資料の収集および意見書の作成を行わなくてはならない。そのため、当番弁護待機日には接見後に意見書の作成等ができるよう、予定を空けておく必要がある。

2　意見書の記載内容

検察官は、その事件が刑訴法60条の各要件を充たすか、勾留の必要性が認められるかを検討し、勾留請求するか否かを決定するのであるから、弁護人としても、被疑者のその事件が刑訴法60条を充たさないこと、勾留の必要性がないことを主張しなくてはならない。そのため、刑訴法60条に関するコンメンタール等を参考にして、今回の事件で何を主張することができるのかを考えることが有益である。

たとえば、被疑者の住所が何らかの理由で不定となっている場合には、被疑者の住所の記載がある免許証や家の賃貸借契約書を入手したり、あるいは被疑者または同居人の陳述書等を作成して検察官に提出すべきであろう。

また、被疑者が罪証隠滅を行うと疑うに足りる相当な理由がないことや逃亡をすると疑うに足りる相当な理由がないことを証明するため、被疑者から陳述書や誓約書を取得するとともに、被疑者の監督が可能な者から身元引受書を取得して提出したり、被疑者の家庭生活や仕事の様子を証明することのできる資料を提出することなどが考えられる。罪証隠滅の現実的可能性について具体的に検討すべきことを示した最高裁決定（第一小法廷平26・11・17）があり、その判旨も参考にすべきである。

さらに、勾留の必要性がないことを証明するため、被疑者に持病があればそれを示す証拠を提出するなど、勾留が被疑者に多大な不利益を与えることを主張すべきである。

前述のとおり、逮捕段階は時間的な制約が厳しく、すべての資料の収集を行うことが時には困難であるかもしれない。しかし、その場合でも、電話聴

取書や弁護人作成の報告書等を作成して、できる限り主張を支える証拠を提出することを心がけよう。

3　検察官との面会

さらに、勾留請求される前に担当検察官と面会をするように努力することも大切である。検察官と面会を行うことで、検察官の問題意識を知ることができるし、その場で主張の補充を行うことも可能である。

検察官と面会を行うためには、検察庁の捜査の事件係に連絡を入れて、担当検察官を教えてもらったうえ、担当検察官に直接面会を希望する旨を伝えればよい。

検察官からは「忙しい」などと面会を断られることもあるが、面会の必要性を認めるのであれば、少しの時間だけでも会わせてほしいなどと交渉を行うべきであり、それでも面会に応じない場合には、電話にて意見を伝えるべきである。

3　勾留決定をさせないための裁判官に対する働きかけ

1　意見書の提出時期

もし、検察官に勾留請求をされてしまった場合には、今度は裁判官に対して、勾留決定をしないように求める活動を行わなくてはならない。

具体的には、勾留請求翌日の裁判官による勾留質問前に、担当裁判官宛てに意見書を提出するとともに、必要に応じて担当裁判官との面会を行うべきである。裁判官による勾留質問は、当日の午前11時頃から始まるため、それまでに意見書を提出しなくてはならない。東京本庁では刑事第14部に提出し、立川支部では刑事訟廷事務室に提出する。

裁判所には意見書原本を提出するのが原則であるが、どうしても勾留質問当日の午前中の予定が埋まっているなど持参が困難な場合には、意見書をファクスで送信し、原本は後で持参するなどの方法をとることも可能である（しかし、当番弁護待機日の翌日・翌々日は身柄解放に関する弁護活動で多忙になることも予想されるので、あらかじめスケジュールを入れないように調整しておくことが原則であることはいうまでもない）。

2　意見書の記載内容

　勾留が刑訴法60条に該当するか否かで決定されることからすると、裁判官に勾留決定をしないように求める意見書も、基本的には、検察官に提出した意見書と内容はほぼ同一となるであろう。そのため、前日に検察官に提出した意見書を手直しして提出することになる。

　ただし、検察官への意見書を提出してから、さらに1日の時間的猶予が与えられるのであるから、検察官への意見書には添付できなかった資料などがあればその資料収集に努めるべきである。

3　裁判官との面会

　さらに、担当裁判官とも面会を行うことが有益である。面会を行うことで裁判官の問題意識がわかることもあるし、意見書に記載できない事柄（意見書は検察官も目にすることになるため、記載できない事柄が生じる場合がある）を裁判官に伝えることもできる。

　裁判官との面会は、直接、裁判官と対面して行うこともできるし、電話による面会も可能である。

　裁判官と面会を希望する場合には、意見書に「面会希望」または「電話面会希望」と記載をするとともに、意見書を提出する際に刑事第14部に面会を希望する旨を伝える。電話面会を希望する場合には、いつでも弁護人と連絡がつくよう、弁護人の携帯電話番号等を意見書に付記しておくことも忘れずに行うべきである。

　裁判官との面会においては、「意見書に記載されていることのほかに主張したいことはありますか」等と聞かれることが多いため、あらかじめ何を主張するか頭の中を整理しておくべきである。

6 勾留決定後の活動

　残念ながら、昇平くんの努力も虚しく、勾留決定が出てしまった。なお、切替え手続により、昇平くんは大塚さんの国選弁護人に選任された。
　昇平くんは身体拘束を解くのをあきらめたくない。そこで、準抗告を申し立てることにした。

勾留質問の確認

　勾留決定が出た日の夜、昇平くんは接見に行った。留置係の警察官から声をかけられる。とても人懐っこい感じの初老の警察官である。

警察官　先生、法テラスの紙、要りますか？　差入れあります？
昇　平　はい、法テラスの紙をください。差入れはありません。
警察官　じゃあ、複写式になっているから、ここで書いてください。

　被疑者国選の報酬は接見回数等によって定められることになっていて、被疑者国選終了時に法テラスへ提出する報告書に、複写された書面を添付してファクスする。

大　塚　先生、勾留されちゃいましたね……。
昇　平　勾留質問はどうでしたか？
大　塚　なんか裁判所の地下にいくつか部屋があって、その部屋の前に廊下があるんです。そして、壁に沿って椅子があって、注射を待つみたいに、自分の番が来るのを待っているんです。自分の番になったら、部屋の一つに入って、すると裁判官が座っていました。部屋も狭くて薄暗いんですよ。てっきり、法廷みたいなところに連れて行かれるのかと思っていたら、……裁判官も

		あんなところで仕事して、陰気にならないんですかね？
昇	平	裁判官からは、どんなことを聞かれましたか？
大	塚	もうあっという間ですよ。「君はこういう被疑事実で逮捕されたのだけど、どこか間違いありますか？」みたいな。あと、「勾留された場合に勾留のことを伝えてほしい連絡先はありますか？」とも聞かれたかな。
昇	平	被疑事実についてはどう答えましたか？
大	塚	先生に話したとおりです。つまり、「よく覚えていない」と。そしたら、裁判官も「そうですか。わかりました」みたいにあっさり自分の番は終わりましたよ。
昇	平	そうですか。接見禁止が付いていますか？
大	塚	接見禁止って何ですか？
昇	平	大塚さんと会えるのを弁護人だけに限定するってことです。
大	塚	すみません。その接見禁止が付いているかどうかはよくわかりません。

ボスの意見

接見を終えた昇平くんは、帰り際に留置係の警察官に接見禁止の有無について尋ねてみた。すると、接見禁止が付いていることを教えてくれた。
事務所に戻ると、ボスがいた。

ボス		例の建物明渡し請求事件の準備書面どうなっているの？
昇	平	すみません、まだ途中です。
ボス		そうか。刑事弁護で忙しいからね。でもね、民事事件もちゃんとしないとダメだよ。だから、当番弁護や国選が入る予定の場合、逮捕・勾留の日数を意識しながら、事前にスケジュールに余裕をもたせなきゃ。
昇	平	はい。
ボス		ところで、刑事事件はどうなったの？

昇　平		勾留決定が出てしまって。しかも、接見禁止まで付いているんです。
ボ　ス		接見禁止か……。被疑事実は？
昇　平		傷害ですけど。
ボ　ス		いや、そうじゃなくて、勾留状に書かれた被疑事実は？　勾留された以上、勾留状の被疑事実を対象に弁護活動を組み立てていくことになるからね。 あと、準抗告の申立てをしたら、その日のうちになんとか時間をつくって裁判官と面会すること。そうしないと、一瞬にして棄却されちゃう可能性があるよ。 それと、準抗告や保釈申請の場合、申立書に必ず連絡がすぐにとれる電話番号を書いておくこと。裁判所からの連絡が必ずつながるようにしておくんだ。
昇　平		はい。わかりました。
ボ　ス		それと接見禁止が付いているのなら、接見禁止に対しても何かすべきだよね。お母さんがわざわざ来ているんだろう？
昇　平		そうなんです。お母さんだけでもいいから、会わせてあげたいんです。
ボ　ス		じゃあ、どういう手段があるかな？
昇　平		そうですね、お母さんについて一部解除の職権発動を促すという手があると思います。
ボ　ス		そうだね。準抗告申立書とは別に、接見禁止の一部解除の申請書も提出したらいいよ。

　その後もボスは、どういうことを準抗告申立書に記載すべきかについて昇平くんにアドバイスをしてくれた。そのアドバイスを受けて、昇平くんは勾留決定に対する準抗告申立書と接見禁止の一部解除申請書を作成した。

再度、裁判官との面会

　翌朝、勾留決定に対する準抗告申立書を地裁刑事部の事件係に提出し、裁判官と面会を希望したいということを強く申し入れた。すると、事件係の人は、記録を作って刑事部へ行き、裁判官と面会できるか確認してくれた。その結果、「昼休みの時間なら」ということであった。
　昇平くんは、昼休みに準備室で裁判官２名と面会した。部長と左陪席のようだ。

　部　　長　書面は読みました。書面に記載したこと以外で言っておきたいことがあれば、言ってください。

　すぐにでも大塚さんの身柄を引き取って、茨城の実家に連れ帰る用意があること等を説明した。また、書面に書いたことでも重要なことは口頭でしっかり説明した。

　部　　長　お話はわかりました。

　部長はその一言を述べると、左陪席を連れて準備室を出て行った。その後、昇平くんは第14部に接見禁止の一部解除の申請書を提出した。受付の人は、「はい。ちゃんと、お母さんの身分証明書の写しもありますね」と確認し、申立書を受け取った。

準抗告棄却

　その日の夕方、昇平くんの携帯電話が鳴った。東京地裁からだった。準抗告申立書に携帯電話番号を記載していたので、こちらにかかってきたのだ。期待しながら電話に出ると、「準抗告棄却」との連絡。しかし、併せて申請していた接見禁止の一部解除については認められた。一切認められ

ないよりましだが、昇平くんはとても悔しく感じた。

昇平くんはこの結果を大塚さんの母親に電話で伝えた。

大塚母　そうですか。勾留が続いてしまっていることは残念ですが、息子と会うことができるのは本当によかったです。
昇　平　すみません、釈放させることができなくて……。
大塚母　先生、何を言ってるんですか。息子の顔が見れるだけで本当にうれしいです。ありがとうございます。

■解説

弁護人としては、仮に勾留決定がされたとしても、なるべく早期に身体拘束を解いたり、不適切な身体拘束場所から移送させたり、外部との接見交通を確保するために、刑訴法上の諸手続を活用することが不可欠である。

具体的には、勾留決定に対する準抗告、勾留理由開示請求、勾留取消請求、勾留執行停止申立て等により身体拘束からの早期解放を目指す、勾留場所変更申立てにより不適切な身体拘束場所から移送させる、接見禁止決定に対する準抗告や接見禁止一部解除申立てにより外部との接見交通を確保する、などの活動をすべきである。

1　準抗告

裁判官がした勾留に関する裁判に対する準抗告（刑訴法429条1項2号）は、当該勾留自体が要件を欠いていて違法である場合はもちろん、勾留延長が違法である場合や勾留場所の決定が違法である場合にも申立てが可能である。先行する逮捕が違法であると考えられる場合も、違法逮捕に続く勾留は許されないと解されるので、準抗告の対象になる。また、検察官等による接見指定処分が違法である場合も、準抗告を申し立てて争うことになる（刑訴法430条）。

1 申立時期

申立ての時期にはとくに制限はなく、原裁判あるいは原処分を取り消す利益がある限りいつでも可能である。ただ、不当な身体拘束に対抗するものである以上、可及的速やかに行うべきであることはいうまでもない。

2 管轄裁判所

管轄裁判所は、地裁の裁判官に対する準抗告の場合はその所属する地方裁判所、簡裁の裁判官に対する準抗告の場合は管轄の地方裁判所である（刑訴法429条）。検察官および検察事務官がした処分については、その検察官等が所属する検察庁に対応する裁判所（地裁または簡裁）である（刑訴法430条1項）。司法警察職員がした処分については、その職務執行地を管轄する地方裁判所または簡易裁判所である（刑訴法430条2項）。いずれも書面（準抗告申立書）を提出して申立てを行う（刑訴法431条）。

なお、東京地方裁判所に提出する場合、提出する先は刑事14部ではなく、刑事訟廷事務室事件係である。

3 申立書の記載事項

申立書の記載事項は、申立ての趣旨と申立ての理由に分かれる。

申立ての理由としては、勾留の裁判、勾留延長の裁判、接見指定の処分等について、それぞれの理由となっている要件（「罪証を隠滅すると疑うに足りる相当な理由」、「逃亡し又は逃亡すると疑うに足りる相当な理由」、勾留の必要性、「やむを得ない事由」、「捜査のため必要があるとき」等）に該当する事実がないことを具体的に主張する。そしてその主張を裏づける資料（家族の陳述書、身元引受書、示談書、病状等の診断書、弁護人の報告書など）を添付する。とくに接見指定の要件である「捜査のため必要があるとき」の解釈については、実務上鋭い対立があり、判例も多く出されているので（残念ながらその多くは接見交通権に対する理解度が低いものであるが）、それらの動向を踏まえた説得力ある理由を展開する必要がある。

申立事項や申立ての理由を正確に書くには勾留状の内容を確認する必要があるが、緊急性から、勾留状謄本の入手を待っていられないことも多い。勾留の裁判に対する準抗告の場合、問題となるのは、多くは「罪証を隠滅すると疑うに足りる相当な理由」、「逃亡し又は逃亡すると疑うに足りる相当な理由」、

および勾留の必要性であり、勾留状謄本の入手を待つことなく、これらの要件がないことを論じて書面を作成して申し立てる。

なお、勾留の裁判に対する準抗告に関して、犯罪の嫌疑がないことが準抗告の理由になるかどうか議論があるが（刑訴法429条2項、420条3項）、犯罪の嫌疑の有無も裁判官の心証形成に事実上大きな影響を及ぼすことは明らかであるうえ、嫌疑がないのに拘束されるほど不当なことはないから、この点に関する主張も不可欠である。

実際にはほとんど時間がないなかでこれらの主張を組み立てなければならず、非常に負担が重いことは確かであるが、弁護人の腕の見せどころであると考えて頑張るほかない。

4　裁判官との面会

準抗告の申立てに対して、裁判所は、訴訟記録等の調査を行い、必要な場合は事実の取調べ（刑訴法43条3項）を行って、原裁判あるいは原処分の当否を審査する。

この審理の過程で、担当裁判官と面会するように努力することが大切である。裁判官と直接会うことで、裁判官の問題意識を聞き出して直ちに主張の補充をすることができるし、裁判官に対して事実取調べの必要性を訴えることもできる。

裁判官と面会するためには、準抗告申立書を提出した後、担当部に連絡を入れ、面会の希望を伝える。面会理由を聞かれたときは「口頭で申立理由を補足したい」と告げればよい。

5　準抗告の効果

審理の結果、準抗告の申立てが認容されて被疑者の権利が守られれば、それに越したことはない。

しかし、仮に弁護人の主張が退けられた場合でも、事実上大きな効果が得られることが少なくない。たとえば、却下決定の理由を吟味することで今後の弁護活動（起訴後の保釈請求も視野に入れる）のポイントを絞ることができる。また、裁判所が捜査の適法性に注目することで、捜査機関の行き過ぎた捜査に対する牽制となる。さらに、権力に対抗する弁護人の活動自体が被疑者や関係者を勇気づけることにもなる。したがって、棄却されることを恐れ

て準抗告の申立てを躊躇することは無用である。

　ただし、準抗告の審理の間は、記録が裁判所に回っているために事実上捜査がストップすることになる。このことが本当に被疑者にとってプラスになるかどうかは慎重な吟味を要する。場合によっては、捜査が長引く分だけ身体拘束も長引くという結果になりかねないからである。

　もっとも、準抗告の審理は申立て当日中になされて決定が下されるのが通常である。また、捜査機関のなかには、弁護人のこのような活動を捜査妨害であると決めつけ、被疑者にそのように告げて被疑者の動揺を誘ったり、手元に記録がなくて取調べができなかったことを口実に取調べ時間を長くしたり、あるいは弁護人との間の信頼関係を破壊しようと画策する者もある。そこで、これらの点にも配慮したうえで、やるべきときは毅然と準抗告の申立てを行うことが望ましい。

　なお、弁護人との信頼関係を破壊するような言動については、直ちに苦情申立て等の抗議を行うべきことはいうまでもない（詳細については前記❹〔60頁〕参照）。

6　特別抗告

　準抗告申立てに対する決定について、再抗告はできないが（刑訴法432条、427条）、刑訴法405条の規定する憲法違反または判例違反を理由とする場合であれば、特別抗告はできる（刑訴法433条1項）。なお、事実誤認、法令違反については、職権破棄を求める（刑訴法411条準用、最決昭26・4・13刑集5巻5号902頁）。

　特別抗告の申立書には、抗告の趣旨を簡潔に記載しなければならない（刑訴規則274条）。また、特別抗告の提起期間は5日（刑訴法433条2項）と短いので、注意を要する。

②　勾留理由開示請求

1　勾留理由開示の目的

　勾留理由開示は、勾留の理由を公開の法廷で明らかにすることにより、裁判官に対して勾留の要件を再チェックさせるとともに、違法・不当な勾留から被疑者を解放することを目的とする。

2　勾留理由開示請求の手続

　勾留理由開示の請求は、勾留の裁判をした裁判所に対して請求権者が勾留理由開示請求書を提出して行う。請求権者は、当該被疑者、弁護人、被疑者の近親者等、および「利害関係人」である（刑訴法207条1項、82条1項・2項）。請求者は、開示公判において被疑者および弁護人とは別に意見を述べる機会が与えられているので（刑訴法207条1項、84条2項）、意見を述べさせたほうがよいと思う関係者を請求者とすることも検討すべきである。

　開示請求があったときは、請求日から5日以内に開示期日が開かれ（刑訴規則84条）、裁判官が公開の法廷で勾留の理由を告げる。通常、ここでは勾留状を発付した時点での勾留理由を簡潔に述べるだけである。

　しかし、勾留の要件の再検討と違法・不当な勾留からの解放という勾留理由開示制度の目的からすれば、開示されるべき理由とは本来はそれにとどまるべきでなく、勾留理由の存在を認めた根拠となる具体的な事実や証拠、あるいは開示公判時点での勾留の継続を根拠づける理由などについても開示されるべきである。

3　求釈明

　そこで活用すべきなのが求釈明である。たとえば、「共謀」、「営利の目的」等「罪を犯したことを疑うに足りる相当な理由」に関するもの、「罪証隠滅をすると疑うに足りる相当な理由」に関するもの、「逃亡をすると疑うに足りる相当な理由」に関するもの、勾留の必要性に関するものおよび逮捕・勾留の手続上の問題点に関するものなどについて、具体的事実や証拠を開示するように求めるのである。前述の意見陳述の時間が1人10分に制限されているため（刑訴規則85条の3第1項）、この求釈明を活用する実践的必要性は非常に高い。求釈明についても意見陳述についても、必ず事前に書面を提出するように心がける。

4　さらなる活用を

　勾留理由開示請求は、身体拘束に対する対抗手段としては前述の準抗告と並ぶ有力な手段である。必ず公開法廷で行われるため（刑訴法83条1項）、とくに接見禁止が付いている場合などには、家族などの関係者が傍聴して被疑

者を見ることができ、被疑者や関係者を力づけることができる。

　もし弁護士のなかに、勾留理由開示請求は一部の弁護士が法廷闘争に使う手段であるという見方があるとすれば、それは単なる偏見に過ぎない。実際に開示請求をする場合には、準抗告について前述したことと同じように事実上のメリット・デメリットを考えなければならないが、もっと活用されてよい手続であることは確かである。

③　その他の手続

1　勾留取消請求

　被疑者の勾留の理由または必要がなくなったとき(刑訴法207条1項、87条)は、勾留取消請求を行って勾留を取り消すように求めるべきである。勾留の理由の消滅とは、真犯人の発見等により犯罪の嫌疑自体がなくなった場合や刑訴法60条1項所定の事由が消滅した場合であり、勾留の必要性の消滅とは、確実な身元引受人が現れた場合や、事案軽微あるいは示談成立のため起訴価値がないことが明らかになった場合等である。

　また、違法な取調べなど違法な捜査があった場合も、勾留取消請求をすることが考えられる(岡山地決昭44・9・5等)。

　勾留取消請求を却下した裁判に対しては、準抗告を申し立てることができる(刑訴法429条1項2号)。

2　勾留執行停止申立て

　勾留の執行停止とは、保証金の納付を要せず、勾留の執行力を停止させて被疑者を釈放することである(刑訴法207条1項、95条)。裁判所は「適当と認めるとき」は勾留の執行を停止することができるとされているが、実務では、本人の病気治療のための入院、就職試験、入学試験および卒業試験ならびに両親・配偶者の危篤および死亡等の場合に認められた事例がある。

　被疑者・弁護人には勾留執行停止の請求権はなく、申立ては裁判所の職権発動を促すものであると解されている。

3　勾留場所変更の申入れ

　勾留場所の決定について、実務では、検察官が勾留請求書に記載した希望

場所（○○警察署留置施設）がそのまま勾留場所になることがほとんどである。

　留置施設については、種々の弊害から制度そのものを廃止すべきものと考えるが、その点を措くとしても、個別的にみて弊害が大きい場合（否認事件、公務執行妨害事件および少年事件等）には、勾留場所を変更させることを検討する必要がある。勾留場所の決定も勾留の裁判の内容をなすものであるから、勾留場所を改めさせるために準抗告を申し立てることももちろん可能である。

　また、被疑者が取調官から暴行を受けたと訴えている場合などは、それ自体に対する抗議活動とともに、勾留場所を変更するように求める上申書を裁判所に提出して、その中で具体的な事実を説得的に記載し、裁判所の職権発動を促す必要がある。

4　接見等禁止決定に対する準抗告、接見等禁止解除の申立て

　検察官は、否認事件、共犯事件および組織的事件の場合、勾留請求に際し接見等の禁止を請求しており、裁判所も、ほぼ検察官の請求どおりに接見等の禁止決定を出しているというのが実情である（刑訴法207条1項、81条）。接見等禁止決定がなされていても、弁護人との接見交通は制限されないが、被疑者は、弁護人以外の者と会うことができなくなるため、家族等との日常的な連絡が非常に不自由になるし、被疑者自身が精神的に不安定になることもある。

　そこで、接見等の禁止決定が出ている場合、同決定に対して準抗告を申し立てるべきである。具体的には、勾留決定に対する準抗告を申し立てる際に、仮に勾留の理由・必要はあっても接見等禁止の理由・必要はないとして、接見等禁止決定の取消しを予備的に求めるべきである。場合によっては、勾留自体に対しては不服申立てをしないが、接見等禁止決定については争い不服申立てを行うという選択もありうる。

　接見等禁止決定に対する準抗告が棄却された場合や接見等を禁止する理由・必要が消滅した場合には、接見禁止の解除を申し立てるべきである。その際には、弁護人以外との面会には警察官または拘置所職員が立ち会い、会話の内容も大幅に制限されること、文書の授受の際には検閲も行われること等に鑑みれば、勾留されている被疑者が「罪証を隠滅する」というのは通常想定しにくいのであるから、全面解除の申立てをすべきである。

　しかし、それが認められない場合には、予備的に親族との面会の機会を確

保するための一部解除の申立てを検討すべきである。具体的には、接見禁止解除申立書を裁判所に提出することになるが、そこでは、接見禁止の要件（刑訴法207条1項、81条）が消滅したことに加えて、接見を認める必要性を説得的に記載することになる。その際、受付段階で、一部解除の範囲として面会のみか文書授受を含むかを確認されることがあるので、申立書にその範囲（面会、あるいは、面会および文書授受）を明記するようにする。また、一部解除の対象となる人物について、運転免許証・健康保険証・外国人登録証などの身分証の写しを申立書に添付するようにする。

　ただし、接見禁止解除申立てはあくまで裁判所の職権発動を求めるものであるから、裁判所が職権発動をしない場合、あるいは職権発動による解除が不十分な場合には、接見等禁止決定に対する準抗告をすべきである。

❼ 不起訴に向けた活動

示談の検討

　勾留満期まであと1週間となった。
　そろそろ最終意見書の作成にかからなくてはならない。警察は当初は過酷な取調べを行っていたが、現在はかなりトーンダウンしている。今まで大塚さんから聴いてきた取調べの様子を踏まえても、勾留の被疑事実以外のあらぬ嫌疑を押しつけられる心配はないだろう。問題は、勾留の被疑事実についてどういう主張をするか、だ。
　昇平くんが事件のことを考えていると、ボスが話しかけてきた。

ボス　何やら真剣に考えているね。例の刑事事件はどうなったの？
昇　平　本人は何も覚えていないと言っているし、どうしようか悩んでいるんですよ。
ボス　そうか。ところで示談はどうなってるの？
昇　平　実は、示談についてもまだ迷っているんです。本人は記憶がないと話しているのですが、この状態でも示談はしたほうがいいんでしょうか？　覚えていないという主張と矛盾しませんか？
ボス　今回は、まわりに目撃者などはいたのかい？
昇　平　警察は、目撃者もいるという話を取調べでしているようです。たまたま居合わせた別のお客さんが、一部始終を見ていたようで……。
ボス　そうすると、本人が覚えていないと言っても、犯人性自体を争うのは難しいんじゃないのかな。そうであれば、示談のことは考えてしかるべきだと思うよ。もちろん、本人に了解をとったうえで、ということになるけど。
昇　平　わかりました。ありがとうございます。

昇平くんは、あらためて大塚さんの接見に行った。最近の捜査の状況を大塚さんに聞くと、捜査は全然進んでいないようだ、とのこと。
　昇平くんは、示談についての話を切り出した。すると、大塚さんは、「覚えていないのは確かですが、殴っていないかと言われると自信がありません。今までも、酔っ払ったときに暴れてしまったことがあったようですし……。示談は進めていただいてかまいません」とのこと。
　昇平くんは、大塚さんの了承を得たことで、示談に向けて動き出すことにした。示談金については、大塚さんの父親に相談したところ、用意してもらえることになった。
　検察官に連絡し、被害者の連絡先を教えてほしいと伝えると、被害者の了承を得たうえで連絡先を教えてくれた。
　昇平くんは、さっそく被害者に何度か電話したものの、留守番電話につながってしまい連絡がとれない。被害者の留守番電話に、事情を話し、折り返し電話をくれるようメッセージを残しておき、返事を待つ間、さっそく意見書の起案を始めた。しかし、示談の行方も見えず、悩みは大きくなるばかりだ。意見書の内容も考え始めると、やはり示談が大きな決め手になるだろうということが事実として重くのしかかってくる。被疑者の早期釈放のために何が必要か、頭を切り換えて全力を傾けなくては……。

被害者との面会

　2日後、被害者から、昇平くんの事務所に連絡があった。そして、昇平くんは被害者の寺岡さんに会ってもらえることになった。場所は、被害者の家の最寄駅にある喫茶店にした。

昇　平　今回は、お時間をいただきありがとうございます。
被害者　いえ。
昇　平　今回の件、本当に突然のことで驚かれたと思います。
被害者　そうですね……。大塚さんは、今までも飲むと暴れることはあ

	ったんです。しかし、ビール瓶を振り回すなんて、本当にびっくりしました。
昇　平	お怪我の状態はいかがですか。
被害者	血もたくさん出ましたし、傷も深くて、5～6針縫いました。幸い入院はしなくてすみましたが。
昇　平	かなり大きな傷だったのですね……。実は、今回、お時間をとっていただいたのは、この件で示談をしていただけないかというお話をさせていただきたかったのです。
被害者	示談……。つまりお金の話ってことですか？
昇　平	もちろん、今回の事件は、お金で解決できることではないと思います。ただ、今回の事件で、治療費もかなりかかっていると思います。そういった損害について、大塚さんには、お金を払うべき責任があるのです。示談というのは、そのような当然支払うべきお金を支払わせていただくということです。 ……ご検討いただくことはできないでしょうか。
被害者	わかりました。だけど、実は、来週また病院で検査をすることになっているのです。頭の怪我なので、今後いろんな症状が出てくる可能性もあるということで。
昇　平	そうなのですね。
被害者	ですので、今の時点では示談することはできません。医者からは、場合によっては後遺症が残る可能性もあると言われていますし……。どんな症状が出ているかわからない段階で、お金についてお話しするのは難しいです。
昇　平	わかりました。検査の後に、またご連絡させていただいてよろしいでしょうか。
被害者	それはかまいません。

意見書の起案

事務所に帰ってきた昇平くんは、示談の経緯についてボスと話した。

昇　平　そんなこんなで、今の時点では示談は断られてしまいました……。

ボ　ス　そうか。まだ症状が完全に明らかとなっていない状態では仕方ないかもしれないな。

昇　平　それで、今、検事に対する終局処分についての意見書を起案中なのですが、示談の点についてはどのように書けばよいでしょうか？

ボ　ス　示談が成立していないとしても、示談に向けて努力をしていることは、こちらにとって有利な事情になるところだよ。だから、その点についても、意見書に書くべきだ。

昇　平　わかりました。示談の経過については、私の報告書の形で、今までの経緯を書けば大丈夫でしょうか？

ボ　ス　うん。それでかまわないよ。もしご両親からすでにお金を預かっているのであれば、そのことを示す入金の履歴などをつけるといいんじゃないかな。

昇　平　ありがとうございます。さっそく意見書を起案して、検事に送ります。

　昇平くんは、意見書を作成したうえで、示談経過の報告書などを添付し、検察官にファクスで送った。そのうえで、検察官に電話をして、口頭でも不起訴を求めた。

　しかし、結局、大塚さんは傷害罪で起訴されてしまった。

■解説

1　捜査機関からの情報収集

　不起訴を目指すためには、被疑事実、証拠関係、捜査状況などについてできるだけ正確な情報を収集する必要がある。

1　被疑事実

⑴　勾留状謄本交付請求（刑訴規則74条）

　被疑者がすでに勾留されている場合には、裁判所（東京地裁本庁であれば刑事第14部）に勾留状謄本交付請求書を提出し、勾留状謄本の交付を求めるのが最もオーソドックスな手法である。ただし、被疑者国選事件では、指名打診（派遣依頼）の段階から、請求しなくても法テラスから勾留状の写しを受領することができる（ただし、延長の勾留状謄本については、被疑者国選事件でも謄本の請求が必要である）。

⑵　留置担当警察官・担当検察官との交渉

　勾留状は留置場で保管されており、接見の際に、留置係の警察官にこれを見せてもらったり、読み上げてもらうなどの方法によって、事実上被疑事実を知ることができる。

　また、担当検察官（ないし立会事務官）に電話照会すれば、通常はこれに応じている。なお、検察庁に出向いて勾留状のコピーの交付を求めることも考えられる。

2　被害者等の連絡先

　後記③3（93頁）を参照。

3　捜査の進捗状況・予定、余罪の有無等

⑴　捜査担当警察官との交渉

　被疑者ないし留置担当警察官から、事件を担当している警察署（留置されている警察署と一致しない場合）、捜査担当警察官の部署・氏名を聞き、電話照会や面会を申し入れる方法により、ある程度の情報を仕入れることができる。

⑵　留置担当警察官との交渉

　留置担当警察官は、翌日の身体押送の予定を把握しており、翌日の取調べ等の予定については比較的情報が得られやすい。

⑶　担当検察官との交渉

　担当検察官は、留置担当警察官にでも捜査担当警察官にでも問合せが可能である。弁護人選任届を検察庁に提出する際、弁選受付の事務官から担当検察官名を告知してもらうこともできる。

4 逮捕・勾留の理由、証拠関係

(1) 勾留状謄本交付請求（刑訴規則74条、154条）

　前記勾留状謄本交付請求を行うことで刑訴法60条1項各号のいずれの事由に該当するとされているのかがわかるし、勾留延長がなされた場合には、延長後の勾留状謄本を取得し、延長の理由（「参考人取調未了」等）を知ることができる。延長後の勾留状謄本交付請求は、延長後にあらためて勾留状謄本交付請求書を裁判所に提出して行う。

(2) 勾留理由開示、準抗告等

　身体拘束からの早期解放は、起訴前弁護活動の大きな柱である。したがって、勾留の要件に疑義がある場合は、躊躇せず、準抗告や勾留取消請求、勾留理由開示などを行うべきである。

　結果的に準抗告や勾留取消しが認められない場合でも、関係人の供述内容が被疑者の供述とどのように食い違っているのかや捜査の進捗状況は、勾留理由開示公判における求釈明に対する回答や準抗告棄却決定書によって明らかになる場合があり、積極的に活用するべきである。

(3) 捜査官との交渉

　弁護人は、嫌疑の有無や勾留理由の有無について担当検察官と議論を重ねるなかで、捜査機関側の考える証拠構造を推理することができる。したがって、木で鼻を括った対応をされる場合も多いが、早期に担当検察官と面会し、交渉をするのが望ましい。

② 現場調査・証拠収集

1 現場調査

　現場調査は、弁護活動の基本となるものである。「犯罪捜査は現場から」は、弁護の観点から見れば、「弁護活動は現場から」と言い換えることができる。現場状況が問題となると思われる事件では当然であるが、そうではなくても念のため行ってみることも必要であろう。事件によっては、何度も現場に行って、問題点を検討するということもある。

　現場に行くときには、メモ用紙や筆記用具はもちろん、カメラ・ビデオや場合によってはメジャーを持参したほうがよいし、周辺で聞込みに行くときの

備えとして録音機器なども必要な場合もあるであろう。

　また、現場調査は、客観状況を把握・証拠化するために、可能な限り、犯行時刻とされている時間帯に行うべきである。犯行時刻が夜間の場合には、懐中電灯等の用意も必要であろう。

　確実な証拠を残しておくことは、検察官交渉の際にも大きな武器となるし、仮に起訴されても、公判で争うときの有力な手段・証拠となる。証拠収集に行くときには、その証拠の確実な残し方を考えておかなければならない。

2　関係者からの聴取

　関係者からの聴取、とりわけ敵性証人（将来自分の保身から敵性証人となる可能性のある者も含む）から事情聴取をする際に気をつけるべきことは、相手が将来どのようなことを言ってくるかもわからないという点である。たとえば、供述書や供述録取書を作って確定日付をとっておいても、公判になって、証人として立って、「弁護人に偽証するようにと強要された」と言い出すかもしれない。備えがなければ、そう証言されて裁判官の弁護人を見る目が180度変わらないとも限らない。

　しかし、それに対する確実な反証を聴取当時に確保しておけば、何の心配もないし、かえって相手側がおかしなことを言っているということになって、事件を有利に展開することが考えられるであろう。そのためにも、事情聴取の際には録画・録音をしておくことが必要である。

　証拠収集は、客観的で確実な証拠を、なるべく早期に収集することが肝要である。併合罪で複数起訴される、重罪であるなど審理が長期化する可能性があるときは、早期収集を怠ると現場の大切な構造物が撤去されたり、大事な聞込み先が転居したりするおそれがある。

③　示談

　示談は、刑事事件における量刑事情として、重視されるもののひとつである。示談の成否が執行猶予の分岐点となることさえある。また、検察官の終局処分の判断にも大きな影響を与える。

　弁護人は示談のための労力を惜しんではならない。

1　示談にあたっての準備

　具体的な被害者がいる事件において、示談は量刑上極めて重要である。

　まず、示談に要する費用をあらかじめ算定し、示談交渉に先立って被告人側から相当額を預かっておくべきである。準備しないうちから示談に着手したり、弁護人が示談金を立て替えたりすることは厳禁である。あらかじめ準備できた範囲で示談交渉を進めなければならない。

　示談金を預かる場合は、後日の紛争を避けるため、必ず示談金名目の預かり証を発行する。遠隔地の場合は、銀行振込を利用するとトラブルを避けられる。

　弁護人は、被疑者・被告人およびその家族に対して示談を勧めるとき、捜査や判決の見通しについて過剰な期待感を与えないよう注意すべきである。たとえば、示談が成立しても執行猶予が微妙な事件の場合は、被告人や関係者にあらかじめ示談の効用につき説明し、理解を求めておくことが大切である。

2　示談の対象

　示談の対象は、被疑事実・公訴事実に掲げられた被害についてはもちろんだが、数度にわたる財産犯など、周辺事実についても示談の対象に含めるほうがよい場合もある。

　共犯者がいる場合に示談金の分担をどうするか、という問題も起こりうる。共犯者間で共同歩調がとれる場合は弁護人間で連絡をとり合い、共同で示談を行えればよい。意見が一致しない場合には、ともかく自分の担当している被疑者・被告人1人でも最善の誠意を尽くすという姿勢で臨まざるをえないだろう。

3　被害者との連絡

　被疑者およびその関係者が被害者の連絡先を知らない場合は、検察官または警察官に問い合わせるほかはない。問合せに対して検察官・警察官は、被害者に連絡先を教えてよいか確認し、その了解がとれた場合は弁護人に教えるのが一般である。この点、被害者は被疑者に連絡先が知られることを恐れるのが通常である。被害者の連絡先を知るのは弁護人限りであり、弁護人から被疑者には伝えないことを前提に検察官・警察官に被害者の意向（弁護人に連絡先を教えていいか）を確認してもらうと、被害者も応じやすい。

捜査機関が、「被害者に連絡させる」という返事をすることもある。しかし、被害者から連絡がこない危険があるので、あくまでも検察官・警察官から被害者の連絡先を聞き出したほうがよい。それでも応じない場合には、検察官に被害者の意向（示談する意思の有無）の確認を依頼する。
　検察官・警察官が被害者の了解をとって弁護人に連絡先を教える場合、被害者の電話番号を教えるのが一般的である。
　被害者の電話番号を教えてもらった場合、被害者も弁護士から電話があると思っているのであって、すぐに電話し、アポをとって面会するのが一般的な方法である。捜査弁護は起訴・不起訴処分の決定まで時間的余裕がなく、また被害者にとっても、連絡先を教えてよいと検察官・警察官に話したのに、弁護人からの連絡が遅いと無用の不安を与えかねない。電話に先立って手紙を送る必要も一般的にはない。
　被害者の被害感情が強く、捜査機関を通じて連絡先を教えない旨回答されることもある。このような場合も1回であきらめることなく、時間をおいて再度問い合わせるなどして、示談を成立させるよう努力すべきである。

4　示談の具体的交渉

(1)　示談交渉の基本

　示談交渉の場所は、基本的に被害者の意向により決めるべきである。被害者の心情に配慮し、一般的には喫茶店などを利用するのが望ましい。
　示談交渉にあたっては、次のようなことに注意するとよい。

①　謝罪してから被害弁償の話をする。

　被害者はビジネスライクに処理されることを嫌悪するので、謝罪してから被害弁償を切り出すほうがよい場合が多い。また、謝罪の際、被疑者が作成したお詫びの手紙を被害者に渡し、目を通してもらうようにすると、謝罪を受け入れてもらいやすく望ましい。
　被疑者が作成するお詫びの手紙は、当然ながら被害者の立場や心情に配慮したものでなければならない。お詫びの手紙で、被疑者自身にも家族、仕事があって早く家に戻らなければならないなど、被疑者自身の都合を内容とすることは、被害者にとって関係のない内容で心情を悪くしかねない。

②　最初の面会で示談できなくてもあきらめない。

　一度面会してすぐ示談できない場合でも、何回か会ううちに被害感情が和

らぐことがあるので、次の面会日程を入れる。
③　被疑者の関係者を示談に立ち会わせてよいかは確認する。

　被疑者の親・妻等の関係者を示談に立ち会わせ、一緒に謝罪することは、ひとつの選択肢である。しかし、被疑者の関係者に直接会うということで被害者に嫌悪感を与えることもありうる。そこで、アポをとるときに、関係者も謝罪のために立ち会ってよいかについて、被害者の意向を聞いておいたほうが無難である。
④　被疑者の関係者という印象を被害者に与えない。

　被害者は被疑者には悪感情を抱いているので、弁護人が被疑者の関係者であるという印象を被害者に与えると示談にマイナスになる。そこで、当番または国選弁護で偶然受任した等、受任のいきさつを説明して、被疑者の関係者という印象を与えないようにしたほうがよい。要するに弁護人の立場を理解してもらうよう努める。

(2)　被害者からよく受ける質問
①　示談すると刑（ないし検察官の処分）が軽くなるのですか。

　軽くなると答えると示談を拒否される危険があるが、そのとおりに答えることでむしろ誠実さを見せられる場合もある。「軽くなるかもしれないし変わらないかもしれない。どうなるかは裁判所・検察官が判断する」という回答の仕方もある。「何のために示談交渉するのですか」と切り込まれた場合、「犯罪被害を受けた方に弁償するのは、法律上も人間としても当然のことですし、反省している証ですから」という回答の仕方もある。
②　あとで仕返しされるのが恐いのですが。

　被害者の住所や連絡先を被疑者に教えないと誓約する、被疑者は今後一切、連絡・接触等しないことを誓約する等の工夫で対処することも可能である。

　性的犯罪の場合で、被害者・被疑者の住所が近接していて知れているときは、被害者から被疑者の転居を求められたり、痴漢などの場合は被疑者の通勤ルートの変更が問題になることがある。この場合、被害者の要望に誠実に対応すべきである。もちろん、依頼人である被疑者の意思に反してはならない。
③　前科はあるのですか。

　被害者のなかには、被疑者に前科があるのか知りたいと思っている人も多い。このような質問を受けた場合、（もし被疑者に前科があれば）弁護人としては被疑者に対する誠実義務（守秘義務）から答えるべきではない。そのこと

を説明することも必要である。しかし、弁護人として嘘をつくことはできず、また後に捜査機関に確認され事実が明らかになることもある。

そこで弁護人としては、事前に、前科等を話すことになる可能性を被疑者に説明し、了承をとっておき、被害者から質問された際には答えるのもひとつの方法である。

5　示談金

財産犯で客観的な被害額が明白な場合は、被害額にプラスアルファをした示談金を払うことも多い。問題は、身体犯・性犯罪等、被害額が客観的でない場合である。民事事件の裁判例、交通事故の「赤い本」（民事交通事故訴訟損害賠償算定基準）が参考にはなる。しかし刑事の場合、被害者の態度がどれだけ強硬か、被疑者側がどれだけ示談を切に求めているか、被疑者にどれだけの支払い能力があるかが、より決定的な要素になる。

支払い能力がない場合、被害者に正直にそのことを説明し、示談金額・支払い方法につき被害者と協議することも可能である。刑事示談だからといって、分割払いが許されないわけではない。

6　示談条項

示談条項は、示談金、支払い方法および清算条項等の基本的な条項だけにし、なおかつ平易にしたほうがよい。示談の相手方は、多くの場合、法律の専門家ではないからである。なお、事件が裁判員裁判対象事件であれば、公判廷での朗読によって裁判員に理解してもらえる内容でなければならないことにも留意すべきである。

示談書に、被害者が被疑者・被告人を許す気持ちが書いてあればなおよい。ただ、「許す」という文言を入れることにこだわりすぎると示談が難航する危険もある。「更生を期待する」などの表現等、被害者の理解を得られる範囲で示談書を作成すべきである。交渉の中で示談書の柔軟な修正ができるよう、示談書を数パターン準備していったり、小型のプリンタを持ち込んでその場で作成するなどといった工夫も考えられてよい。空欄を設けておいて手書きで書き込む方法もある。

7　嘆願書

　示談できれば嘆願書も被害者に書いてもらうのがよい。この場合も「宥恕する」という難解な用語は避け、「許す」など平易な用語にしたほうがよい（被害者が検察官からの問合せに対し、内容を理解できないまま署名・押印したと回答する危険もある）。

　示談はしても嘆願書は拒否する被害者も多いので注意すべきである。

　被害者側の対応如何では、示談書と嘆願書を区別すると、示談書の作成には応じるものの、嘆願書作成には抵抗を示すケースもある。

　この場合は、示談書の中に「被疑者が反省していると検察官または裁判官が認めたときは、寛大なる処分を求める」との条件付きの嘆願条項を入れた示談書案を準備することもある。

8　示談決裂の場合

(1)　被害内金として賠償金を受領してもらう

　示談には至らない場合でも、被害内金として賠償金を受領してもらい領収証をもらう。

(2)　まったく受取りを拒否された場合

　供託をするなどの方法があるが、要件等難しい問題がある。

　また、示談金を預かったことや相手方との連絡、面談内容、謝罪の手紙の送付、受取りなど、示談の交渉経過を報告書等にしておくと、検察官の処分や、裁判所の公判での量刑に一定の効力がある。

(3)　寄付

　供託が不可能な場合や被害者が存在しない等の場合には、寄付という手段も考えられる。

　贖罪寄付は、弁護士会や法テラスで受け付けている。弁護士会が受け付けた贖罪寄付は、刑事被疑者弁護援助制度などに活用されている。

　その他、日弁連人権特別基金、日弁連交通事故相談センター、カリヨン子どもセンター、犯罪被害者を支援する各種団体等への寄付も考えられる。事案に応じた寄付先を検討すべきであろう。

9　否認事件における示談について

　示談は、被疑者が被疑事実を認めて被害者に対し陳謝することを基本とす

るものであるから、否認事件は原則として示談になじまないものである。しかし、被疑事件につき公訴提起をするのか否かは検察官の専権であり、その判断にあたって示談の成否が大きな要素となっている現実を考えれば、弁護人は被疑者より事実関係を聴取し、被疑者の主張が認められるのか、それに沿った証拠があるのかなどを検討する一方、このことによって被害者にどのような損害・迷惑が発生したのかなどを考慮して、示談をするのか否かを被疑者や家族と相談して決めるべきである（この場合、民事上の責任の有無についても検討したほうがよい）。これは被疑者を起訴させないということが捜査段階における最大の弁護活動であるからであるが、その際、被疑者や家族との信頼関係を損なうことのないよう、くれぐれも注意することはもちろん、被疑事実を認めるように暗に勧めるべきではない。

　事件ごとの判断が要求されるが、一般的な傾向を以下に示した。
(1)　被疑事実には関わりがないと主張する場合
　示談を勧める必要はなく、それを行わなかったからといって、弁護人が誠実に弁護活動をしなかったことにはならない。ただし、酔っていて覚えていない場合には、関係証拠や民事責任も含めて、示談を検討する余地はある。
(2)　正当防衛、心神喪失等、犯罪の成立を阻却する事由を主張する場合
　犯罪が成立するか否か、公訴提起をするかどうかは検察官が判断する事項であるが、被害者が被疑者の行為によって損害を被っており、事件後も捜査に協力するなど大きな負担を強いられていることは否定できない。これらはいずれも被疑者の行為に起因するものであり、弁償のため示談を勧めることは弁護人が誠実に弁護活動を行ったと評価されるものである。
　この場合、示談書に陳謝の文言を入れるかどうか、○○の行為によって被った被害者の損害に対する弁償という表現にすべきかは、被害者や被疑者の意向を十分聴取して決断すべきである。
(3)　故意がないと主張する場合
　故意があったかどうかの判断、被害者の損害など上記(2)のケースと同様であるので、示談するよう被疑者や家族に勧めるのが相当である。

8 保釈請求

準備

　起訴されてしまった以上、執行猶予判決を目指すしかない。昇平くんは、気持ちを立て直して頑張ることにした。

　起訴された日は、ちょうど被害者が再検査を受けた翌日であったことから、昇平くんは、被害者に再度連絡をしてみた。そうしたところ、検査で異常がなく、後遺症の心配もないとのことだった。そこで、あらためて示談について提案をしたところ、無事に応じてもらうことができた。

　また、起訴前から、起訴されてしまった場合にはすぐに保釈請求をすることを決めていた。早く保釈請求をしなくては。昇平くんは、事務所で保釈請求書の起案を始めた。

　すると、たまたま通りかかったボスが話しかけてきた。

ボス　保釈については順調に準備できてるかな？
昇平　はい、頑張ってます。ただ、1つ悩んでいることが……。
ボス　どうしたの？
昇平　本人は、東京で一人暮らしをしている一方、実家は茨城にあるんです。一人暮らしだと、身元引受人が近くにいないことになってしまうし……。一方で、実家だと裁判所の管轄外だし、そこを制限住居にしてよいのかもわからなくて。このような場合に、どこを制限住居にすればよいのでしょうか？
ボス　それは、本人の希望次第だね。たとえ制限住居を茨城の実家にしても、全然問題はないよ。ただ、もし東京で住み続けるのだと、一人暮らしは裁判所からみてあまりよくないかもしれないね。たとえば、お母さんと一緒に住んでもらうなどの工夫が必要かもしれない。あとは、近くに住んでいる人や職場の人に身

　　　　元引受けをしてもらうことで、保釈が認められた事件もあった
　　　　よ。
昇　平　わかりました。そのような点も含めて検討してみます。
ボ　ス　保釈保証金についてはどうなってるの？
昇　平　ご両親が用意してくださった150万円を預かっています。
ボ　ス　そうか。よかったな。

　昇平くんは、大塚さんと接見をして確認をしたところ、バイトもクビになってしまっている以上、裁判が終わるまでは実家にいたいということで、茨城県の実家を制限住居とすることにした。また、あらためて事件について聞いたところ、「やはり自分がやったこと自体は認めるしかないかなと思っています。人違いということもないでしょうし、実際に怪我をさせているようなので……」とのこと。昇平くんは、大塚さんと十分話し合い、事件自体については概ね認めていくことに決めた。
　そして、昇平くんは、ご両親の身元引受書などを添付したうえで、刑事第14部に保釈請求書を提出した。もし保釈の決定が出た場合には、ご両親に迎えに来てもらう予定だ。

保釈面接

　保釈請求書を提出した3日後、裁判所から電話がかかってきた。請求書に、「面接希望あり」と記載していたためだ。裁判官と日程を調整し、その日の午後1時半、保釈面接をすることになった。

裁判官　保釈申立書は拝見しました。保釈保証金はいくらぐらい用意で
　　　　きそうですか。
昇　平　現在、ご両親が150万円を用意してくれています。被告人自身
　　　　は蓄えがありませんし、ご両親もこれだけ用意するのが精一杯
　　　　です。
裁判官　そうですか。わかりました。それでは、保釈保証金150万円で

　　　　　保釈決定を出します。

　ついに大塚さんの保釈が決定された。昇平くんは、刑事第14部に行き、保釈許可決定書謄本と保管金提出書を受領した。

昇　平　えっ、保釈保証金ってここで払うんじゃないんですか？
書記官　あら、先生、初めてですか？　決定書の謄本と保管金提出書を持って、出納第2課保管金係に行ってください。納付はそこですよ。
昇　平　あ、ありがとうございます。
書記官　いえいえ。あ、そうだ、先生。払っておしまいじゃないですからね。上で押印してもらった保釈決定書謄本をこちらに持ってきてくださいね。
昇　平　あ、はい。わかりました！

　無事、手続が終わり、昇平くんはご両親に電話をした。事前に留置係に電話をして、釈放が午後7時頃の見込みだと聞いていたので、その旨を伝えた。
　結局、大塚さんは午後6時には釈放され、早めに迎えに行っていたご両親と一緒に、とても安心した顔で茨城の実家へ帰っていった。

■解説

1　保釈請求

　起訴後は、被告人の身体拘束を解くため、保釈請求の検討を行わなければならない。
　請求の方式は書面で行い、同時に身元引受書を提出することが通常であり、その他、親族や雇用主の上申書や診断書など保釈の必要性についての疎明資料を添付したほうがよい。刑事訴訟法改正により、裁量保釈における考慮事

情が明文化されたので（刑訴法90条）、条文の要素を意識しながら請求書を作成するとよい。

　保釈請求をした場合には、裁判所は検察官に意見を求め、裁判所はこの意見に大きく影響を受けるため、検察官意見書はなるべく閲覧もしくは謄写しておくことが望ましい。検察官意見を確認したうえで、裁判官と面接して、権利保釈の除外事由のないこと、裁量保釈に適する事案であることなどの説明をするとともに、保釈保証金の額に関し、被告人の経済状態を説明することが重要である。裁判官との面接の時間がとれない場合には、電話での面接も可能である。

　保釈保証金額は、犯罪の性質および情状、証拠の証明力ならびに被告人の性格および資産を考慮して、被告人の出頭を保証するに足りる相当な金額でなければならないとされている（刑訴法93条2項）。事案に応じて例外もあるが、150万円から200万円程度の保釈保証金を求められることが多いようである。そのため、これまでは保釈保証金の調達の目途が立たず、保釈請求自体を断念せざるをえないケースが少なからずあった。このような経済的理由による「人質司法」を打破するため、日弁連は2008（平成20）年頃から保釈保証保険制度の研究を進め、2013（平成25）年には全国弁護士協同組合連合会を事業主体とする「保釈保証書発行事業」が実現するに至った。この事業は、刑訴法94条3項によって認められている「保証書による代納」を利用するもので、保証書は全国弁護士協同組合連合会が発行する（詳細については、全国弁護士協同組合連合会のホームページを参照されたい）。利用できるケースに限りはあるが、保証料が定額であるため審理が長期に及んでも保証料が増額されない等、メリットも大きい。被告人に家族はいるが保釈保証金のすべてを現金で用意することができないようなケースでは積極的に活用されたい。なお、保釈金額全額を代納することが認められないケースもあり、たとえば東京地裁においては保釈金額のうち1割から2割程度を現金で用意することを求められることもある。

　東京地裁における請求先は、第1回公判前であれば刑事第14部（東京地裁の代表番号〔03-3581-5411〕に電話し、同部の保釈係につないでもらう）、第1回公判後は係属部（なお、第1回公判後の提出場所は刑事訟廷事務室事件係であり、係属部の書記官室ではないので注意する）である。東京地裁刑事第14部の面接時間は下記のとおりである。なお、係属部での面接は、裁判官と打ち

合わせた時間に適宜行うこととなる。

【東京地裁刑事第14部保釈面接時間】
　　平日　　10：30～11：30、13：10～15：00

2　保釈許可決定後の手続

　保釈許可決定を受けた後の手続について、東京地裁の場合を例にとり説明する。
　まず、担当部において、決定謄本2通と保管金提出書を受領する。そして、保釈許可決定謄本1通と保管金提出書および現金を出納第2課（9階）に提出し、現金領収済印の押捺してある保釈許可決定謄本1通と保管金受取書を受け取った後、担当部に戻り、許可決定謄本を提出する。なお、保証書を差し入れる場合には、担当部に保証書を提出する。
　保釈保証金については電子納付をすることも可能である。その場合、事前に出納第2課での手続が必要である。また、銀行の取扱時間の関係で遅れることがあることにも注意を要する。
　手続終了後15分ほど経ったら、地検令状課（検察庁の代表番号〔03-3592-5611〕に電話し、同課につないでもらう）に電話して、釈放時刻を確認する。
　なお、保釈後の事情変更によって、旅行や制限住居変更の必要が生じたときは、それぞれ許可申請をする。

3　保釈保証金の還付

　保釈保証金は、勾留取消しまたは勾留状が効力を失ったとき、保釈取消しによって収監されたとき、および判決宣告による保釈決定の失効（刑訴法343条）があったときに還付される（刑訴規則91条）。
　判決宣告によって還付を受ける場合について説明する。
　保釈保証金を納付する際に提出する保管金提出書の所定欄に、銀行口座を記入して振込送金を希望しておけば、何らの手続をすることなく、判決宣告後約1週間で指定口座に送金される。
　還付を急ぐ場合には、保証金納付の際に振込送金を希望しないでおき、判

決宣告後に保管金領収済通知書を出納第2課に提出して小切手で還付金を受領する。

保証書を利用した場合には、保証書を提出した担当部に行って返還を受ける。

④ 不当な保釈請求却下に対して

保釈請求が却下された場合には、積極的に（準）抗告を申し立てるべきである。東京地裁における（準）抗告申立書の提出先は、刑事訟廷事務室事件係である。（準）抗告を申し立てる際には、保釈請求に対する検察官意見を踏まえて反論することが効果的である。なお、保釈却下決定には実質的な理由は何も触れられていないが、（準）抗告棄却決定にはその理由が具体的に記載されることもあるため、再保釈請求の資料になることもある。

また、一度保釈が却下されても、事情が変われば（たとえば証人尋問終了後など）保釈が認められる可能性も高くなるので、あきらめずに何度も保釈請求を行うべきである。

⑤ 再保釈

第一審で保釈されていた被告人が実刑判決を受けた場合、保釈の効力は失効するため、新たな保釈決定がない限り、被告人は判決言渡し直後に収容される。そこで、実刑判決が予想される場合、弁護人は再保釈のための準備をしておくべきである。

なお、判決後の再保釈の場合、前の保釈保証金の還付を受けず、これを再保釈の保釈保証金に流用することができる。この場合、保釈保証金を再保釈保証金に充当してもよい趣旨の承諾書を裁判所に提出する。

再保釈の保釈保証金は、一審で保釈されていた際の保釈保証金より多額（1.5倍程度）になるのが通常である。

❾ 記録の閲覧・謄写

記録整理の確認

保釈が通って本当によかった。次は、裁判の準備に入らないと。
　事務所で事件のことについて考えていると、事務員の前野さんが後ろから昇平くんの耳元で囁いた。

前　野　先生どうしたんですか？　真剣な顔をして。
昇　平　例の刑事事件のことでいろいろ考えていて。とりあえず、午後にでも検察庁に行って記録を見てくるかな。
前　野　記録の整理は終わっているんですか？
昇　平　記録の整理？
前　野　先生、何もご存知ないんですね。期日が先だと記録の整理が間に合わず閲覧できないんですよ。確認したほうがいいですよ。
昇　平　へえ、そうなの。

　昇平くんはさっそく検察庁に電話をすると、記録の整理が未了で閲覧は週明けになるとのことだった。電話してよかったと、昇平くんはひそかに前野さんに感謝した。

記録閲覧室にて

　月曜の朝、検察庁の記録閲覧室に出かけた。うっかり印鑑を忘れたので、代わりに記録閲覧の申請書にサインすることで間に合わせた。
　メモをとりながら記録を読んだ。想定していたとおり、居酒屋にいた人の目撃証言がある。また、防犯カメラの映像についての写真撮影報告書もあった。これらの証拠を見ると、やはり、大塚さんが被害者を殴ってしま

ったことは間違いなさそうだ。

　記録を全部謄写することにし、係官に記録の謄写を申し出た。自分でコピーすれば10円（カラー50円）、謄写センターに依頼すれば30円（カラー60円）とのこと。「初めてだし、自分でコピーしよう！」と思ったが、記録の綴りを外してはならず、一面ずつ手でめくってコピーしなければならないということがわかり、自動紙送りのコピーに慣れていた昇平くんはすぐに断念し、謄写センターに依頼することにした。

　係　官　先生、印鑑お持ちじゃなかったですね。委任状には押印が必要です。
　昇　平　そこをなんとかお願いします。

　昇平くんが事情を説明したところ、係官は気の進まない顔をしていたが、謄写記録の受領時に職印を持参するよう言われ、なんとか謄写申請ができた。印鑑一つのために無駄な時間を使うことになるな、今度からは気をつけよう、と昇平くんは思った。

謄写費用

　翌々日、謄写はでき上がったが、結構費用がかかった。昇平くんは、謄写費用について、ボスにさりげなく水を向けてみた。

　昇　平　先生、国選事件の謄写費用、結構かかるんですね。
　ボ　ス　いくらかかったの？
　昇　平　謄写センターで記録を謄写したら、1枚あたり30円で、全部で120枚だったので、合計3,600円かかりました。
　ボ　ス　そのくらいはかかってしまうだろうね。
　昇　平　謄写費用は、どこに請求したらいいのですか？
　ボ　ス　法テラスに申請すれば、国選弁護費用として1枚あたり上限40円が支給されるよ。ただし、自白事件の場合の支給は、謄

	写した記録の枚数が200枚を超える部分についてのみだけど。
昇　平	ってことは、今回は120枚なので、法テラスからは国選弁護費用として出ないってことですか？
ボ　ス	全部自白の事件だったらね。一部否認を含む「否認事件」や「重大事件」などの場合には、全額支給されるということになっているよ。
昇　平	うーん。いずれにしても、記録は謄写せざるをえないですよね。
ボ　ス	当たり前だよ。記録の十分な検討は、依頼者の話をよく聴くことに並んで、刑事弁護の基本だからね。

■解説

1　検察官開示記録の閲覧・謄写

1　記録の閲覧・謄写の重要性

　検察官開示記録は、検察官立証の根幹をなすものである。弁護人としては、有罪主張の理由を知る意味で、十分に記録を精査すべきである。記録精査の重要性は、否認事件であっても自白事件であっても変わりはない。

　十分な記録精査のために、原則、記録は謄写すべきである。

　なお、記録を全部謄写した場合であっても、証拠によっては原本と対照させるため、弁護人自身が閲覧しに行くべきである。たとえば、捜査報告書に添付された傷害部位の写真の場合、謄写記録と原本とで受ける印象が大きく異なることがある。

2　記録整理の確認

　あらかじめ担当検察官に電話をし、記録整理ができているか否かを確認する。期日まで日数がある場合、整理ができていないこともある。その場合には、早く整理するように要請するとともに、いつ頃できるかを確認する。

3　記録閲覧の場所

　記録の閲覧は、検察庁の「記録閲覧室」（地検・区検とも、合同庁舎B棟4階）

で行う。

【記録の閲覧時間】平日
受付時間　9:30〜11:30（区検記録は11:45まで）
　　　　　13:00〜15:30（区検記録は16:30まで）
閲覧時間　9:30〜17:00（昼休みは受付はしないが閲覧は可）

4　閲覧の方法

合同庁舎B棟の受付で記録を閲覧したい旨を申し出て、閲覧室に行く。

記録閲覧室の受付で、「証拠書類・証拠物閲覧申請書」に必要事項を記入、押印のうえ係に提出する。その際、「国選弁護人選任命令」を提示する。係官は申請書と選任命令を照合のうえ、記録を取りに行く。名前を呼ばれたら、印鑑を持って係官の所へ行く。係官は、受付簿に押印し、記録を貸し出す。記録は備付のテーブルで閲覧する。

閲覧を終えたときは、記録を先の窓口に返却する。なお、「証拠書類・証拠物閲覧申請書」の裏面に、書証等に対する意見を記入する欄がある。通常、被告人と接見をしなければ意見を述べることができないので、「その他の意見」欄に、「被告人と接見のうえ通知する」、あるいは「追って通知」と記入する。この場合には、公判期日前1週間程度の余裕をもって、検察官に対して、電話または書面で意見を伝えるようにする。

なお、記録閲覧室の受付には、大略次のように記載されている。

① 弁護人であることの確認資料として、国選の場合は「国選弁護人選任命令」を、私選の場合は「弁護人選任届」の受領書を提示してください（起訴状は不可）。
② 代理人が行う場合には、担当弁護人の委任状を提示してください。
③ 追起訴・訴因変更の都度、申請が必要です。
④ 証拠書類・証拠物閲覧申請書の裏面に、証拠に対する意見を記入してください。

5　謄写の方法

閲覧した記録をそのまま謄写する場合は、閲覧室受付に備付の「証拠書類・証拠物謄写申請書」に必要事項を記入し、備付の委任状とともに窓口に提出す

る。

　また、閲覧をせず記録を謄写する場合は、先の「証拠書類・証拠物謄写申請書」を窓口に提出するか、ファクスする。なお、謄写センターに依頼せずに、備付のセルフコピー機で記録をコピーする方法、デジタルカメラで記録を撮影する方法もとりうる。

　謄写する場合は、謄写部分を指定する。全部謄写する場合は「全部」とする。また、「カラーの部分はカラーで」といった具体的な指定もこの欄に記入する。

　なお、不同意とする書証や検察官請求証拠以外の開示証拠（類型証拠開示や任意開示されたものなど）は、第一審弁護人が謄写しておかなければ、証拠として採用されない限り、後に上訴審や再審の弁護人がその内容を検討することは困難となるので原則として謄写しておくべきである。

6　謄写費用

　国選弁護人が謄写した記録の枚数が200枚を超えるときは、次のとおり記録謄写費用を算定する（国選弁護人契約約款別紙「報酬及び費用の算定基準」31条など）。

　　　（謄写枚数－200）×20円
　　　（20円超の額を支払った場合には、40円を上限とする現に支払った額）

　記録をデジタルカメラ等を使用して謄写し、事務所で印刷した場合についても、この基準で支給される。

　カラー印刷されている記録をカラー複写したときは、複写1枚あたり謄写枚数2枚と換算する。たとえば、カラーのみ150枚を謄写した場合には、300枚に換算されるので、100枚分について最大4,000円が支給される。

　ただし、否認事件、法定刑で死刑の定めがある事件、控訴審で原判決の宣告刑が死刑または無期懲役の事件、公判前整理手続・期日間整理手続に付された事件、記録帳数が2000丁を超える事件については、1枚40円（カラーは1枚100円）を限度に、全謄写枚数について実費が支給される。

　また、これらの事件で複数弁護人のため謄写記録を複製したときには、複製枚数×10円が支給される。録音テープ、ビデオテープ、DVDなどによる記録を謄写したときは、実費が支給される。

なお、報酬基準は頻繁に改定されており、ここに記載した基準は、2018(平成30)年6月1日施行のものである。

7　記録の引継ぎ・差入れ

第一審において弁護した事件につき、新たに付された控訴審弁護人より、記録の引継ぎを求められることがある。この場合、控訴審の弁護人の便宜を考えれば、積極的に協力すべきであろう。とくに、第一審で不同意とした書面がある場合、あるいは類型証拠開示や任意開示された証拠がある場合には、控訴審の弁護人はこれを閲覧する方法がないことを考慮すべきである。なお、国選弁護人の場合、国選弁護人契約約款33条によれば、上訴審の国選弁護人に記録を引き継ぐよう努力しなければならないとされている。これに対応し、2018(平成30)年4月1日から、控訴審の国選弁護人が謄写記録の引継ぎを受けた場合には、引継ぎを受けるのに要した送料につき、訴訟準備費用として支給されることになった(同約款別紙「報酬及び費用の算定基準」35条2項)。

また、原則として、事件の一番の利害関係人である被告人には、謄写記録のコピーを渡す。ただし、被告人自身の目に触れることが適切でない証拠がある場合、事件関係者の個人情報が被告人に伝わるのが適切でない場合、あるいは目的外使用の具体的な危険性が認められる場合などには、一定の配慮が必要になろう。たとえば、被告人がお礼参りをする現実的な可能性がある場合等は、(事件の性質により一概には言えないものの)各弁護人の判断で、供述者や関係者の住所・勤務先・電話番号等一部内容を消したうえで差入れをすることなども考えられる。

さらに、刑訴法281条の4は、被告人および弁護人の開示証拠の目的外使用を禁止しており、弁護人自身が謄写記録の扱いに気をつけることはもちろん、被告人に差し入れるにあたっても、目的外使用の罰則(刑訴法281条の5)があることを告げて、被告人に記録の扱いについて、あらかじめ注意を喚起することが必要である。過去に、被告人の親族が記録を一般ごみに出して問題になったケースもある。

8　証拠物の閲覧

証拠物の閲覧を要するときは、事前に検察官に申し出て、閲覧の日時や場所を調整する必要がある。

2 裁判所での閲覧・謄写

公判開始後の公判記録の閲覧については、地裁の場合は地裁刑事記録閲覧室（11階）で閲覧する。簡裁の場合は書記官室に行く。

【記録の閲覧時間】平日
　　　受付時間　記録を裁判所の執務時間内に担当部に返却できる時間まで受付をしている。
　　　閲覧時間　9：30〜17：00

謄写を申請する場合は、裁判所合同庁舎1階の司法協会に、「刑事事件記録等閲覧・謄写票」に必要事項を記載し、備付の「委任状」を添えて提出する。

3 記録検討の留意点

1　検察官開示記録

検察官開示記録、とくに第1回公判期日前のものは、検察官立証の基本となるものである。弁護人としては、結論として有罪か否かの観点からのみでなく、証拠収集手続の当否、事実関係の正確性の有無等について、憲法・刑訴法等関係法規の趣旨と照らし合わせ、検討を加えることが必要である。これにより、冤罪を防止し適正な量刑を実現するための弁護活動が可能となる。

2　公判記録

公判記録は、被告人の逮捕・勾留関係、公判審理手続やその内容が記載されている。控訴・上告審弁護では必然的に原審の公判記録を閲覧することになるが、事件によっては、一審においても、被告人の勾留更新の当否、記録の正確性、証人尋問調書などを検討するため、公判記録を閲覧・謄写すべきである。

調書は、係属部あるいは公判が始まる前に法廷で確認することもできる（被告人が国選弁護人を選任した理由については、公判記録に記載されている）。

なお、第1回公判期日前の逮捕勾留関係の記録は、係属部ではなく、東京地裁であれば刑事第14部に保管されている。

⑩ 公判準備

被告人の父親

　公判まで、あと1週間。起訴後に再度交渉し、被害者の寺岡さんとも無事に示談が成立した。

　昇平くんは、証人尋問の打合せをするため、大塚さんの父親に事務所に来てもらうことにした。約束の時間の少し前、事務所のドアをノックする音が聞こえた。ドアが開くと、非常に恐縮した様子の大塚さんの父親が立っていた。

大塚父　先生、保釈の際はお世話になりました。おかげさまで悟郎も落ち着いた毎日が送れています。本日も、お忙しいなか申し訳ございません。

昇　平　お待ちしていました。さあ、どうぞ。

　昇平くんは、応接室に父親を通そうとしたが、あいにくボスの客でふさがっている。

昇　平　仕方ありません。下に静かな喫茶店がありますので、そこで打合せしましょう。

　喫茶店の中は幸い客が少なかった。奥のボックスに案内した。昇平くんは、これまでの事件経過について簡単に説明を行った後、公判での話に移っていった。

昇　平　以前にもご説明させていただいたとおり、お父さんには公判で証人としてお話をしてもらいたいと思います。そこでは、今後

大塚父	指導監督ですか。今後も、本人の希望はあるかとは思いますが、二度とこのような事件を起こさないように、実家で生活をさせて、資格を取ることを最優先させますよ。
昇　平	それはいいですね。

　昇平くんは、その後、被告人の父親の証人尋問の概要を伝え、その練習を簡単に行った。

　喫茶店を出るとき、父親が素早くレシートを手に取り勘定を済ませた。昇平くんは国選事件の弁護人は被告人や関係者からおごってもらえないことを説明し、自分のコーヒー代を手渡した（後記⓭③〔149頁〕参照）。

　ところが、事務所に戻ってボスに喫茶店で情状証人と打合せをしていたことを告げると、ひどく怒られた。他人のプライバシーに関わることを話すのに、誰に聞かれるかわからないオープンスペースを使うとは何事だ、とのこと。

　なるほど、被害者と示談するときに喫茶店を使うのはやむをえないとしても、打合せはもう少し配慮したほうがよかったかなと思った。

ミステイク

　公判まで3日に迫った日、昇平くんは昼食を終え事務所に戻ってきた。鼻歌を歌いながらパソコンに向かった。

前　野	先生、ご機嫌ですね。
昇　平	まあね。
前　野	国選事件は3日後なんでしょう？　もう準備は終わったんですか？
昇　平	うん。この事件は示談もできているし、弁論要旨もでき上がった。被告人とそのお父さんとの打合せもしたし、あとは体調を整えるだけですよ。

昇平くんの顔は自信に満ちていた。
事務所の電話が鳴った。

前　野　先生、手塚検事から電話です。
昇　平　検事から？

昇平くんは、受話器を取り、検察官と話をしている。しきりに頭をかきながら「すみません」を連発している。

前　野　何かポカやったんですか？
昇　平　いや、別にたいしたことじゃないんだけど……。前から検事に催促されていた証拠についての意見を言うのをうっかり忘れていたんだ。それで今、検事からどうなっているんだって電話があったんだ。
前　野　さっきの話と随分違いますね。
昇　平　まあ、度忘れということもあるよ。証拠は全部同意する。本人にも見せて手続・内容とも確認はとってあるし。こちらでも示談関係の書類を提出するって言ったら、事前に閲覧させてくれって言われちゃった。今から示談書のコピーを手塚検事に持って行かなくっちゃ。
前　野　先生、ちょっと待って。児玉先生と川越の顧問会社に打合せに行く予定でしょ？
昇　平　あっ、そうか。まずいなあ。川越に行ったら、今日は戻りが夜になるし。
前　野　あっ、そうだ。先生、とりあえずファクスで送ったらどうですか？
昇　平　なるほど。そうしよう。

昇平くんは、すぐに検察官に電話をかけ、書類をファクスで送ることに

した。

　前野さんにファクスの送信を頼んだ後、昇平くんはボスとともに川越に向かった。電車の中でボスから川越の顧問会社の説明を受けた。説明を聞きながら、ふと示談書について検察官が被害者に確認をとると言ったことを思い出した。寺岡さんには検察官から連絡があるなんて一言も話していない。検察官から聞かれて本当は示談なんかしていないと答えたらどうしよう。急に不安がよぎった。昇平くんの耳にはもうボスの話は入ってこない。何もかもが心配になってきた。

■解説

　公判に臨むためには、当然、綿密な準備が必要である。公判に向けた準備の如何が、公判での弁護活動の質を変えるといっても過言ではない。
　ここでは、公判に向けた準備について述べる。もっとも、ここにいう公判準備は一例であり、ここに書かれていない事項でも検討すべき点はないか、常に考えられたい。

1　検察官・裁判官との打合せ

　弁護人は、公判に臨むにあたり、検察官と打合せを行い、公訴事実に対する意見を伝えたり、証拠意見等を検察官に通知することを要する。また、裁判所との間でも、検察官と打ち合わせた審理に要する時間など、開廷回数の見通しを立てるのに必要な事項を裁判所に伝える必要がある（刑訴規則178条の6参照）。
　これらの規定に基づき、弁護人が事前に検察官と連絡をとり合う。そして、第1回公判前に弁護人と書記官とが、第1回公判の審理予定等について打合せをするわけである。第1回公判前に書記官から連絡を受け、公訴事実に対する認否、検察官提出証拠に対する意見、弁護人提出証拠などの予定を知らせているのが実情である。
　これらの打合せは、適正・迅速な裁判のための集中審理を目的とするものである。打合せにあたっては、弁護方針、証拠に対する意見などについて被告

人と十分な検討をしたうえで、可能な限り明確な態度を決定して臨むべきである。十分な検討を経ないまま拙速な意見を述べることは避けなければならない（場合によっては、「留保」という意見を述べてもよい）。また、被告人の主張の変化その他やむをえない場合には、予定された意見を変更することも躊躇すべきでない。

2 十分な公判準備のために必要な技術

上記のような打合せのためには、弁護人による証拠の検討や事前の準備が不可欠である。

1 検察官証拠の検討

検察官は、起訴後、なるべく速やかに、公判で請求する証拠を弁護人に閲覧する機会を与えなければならない（刑訴規則178条の6第1項1号）。東京においては、起訴後2週間程度を目安に、検察官が請求証拠を開示することが多い。

記録の閲覧・謄写とともに、検察官に対し、証拠等関係カードの交付を要求するとよい。立証趣旨を把握するためである。証拠等関係カードの事前交付はしていないとして拒否する検察官もいるが、立証趣旨がわからなければ証拠意見を検討できない旨伝えるなどして積極的に交付を求めるべきである。

証拠等関係カードを見ながら、開示された証拠を検討する。

近時は、公判前整理手続に付されない事件においても検察官が証拠開示に積極的になってきており、とくに類型証拠開示の対象となるような証拠（刑訴法316条の15第1項参照）を中心に、任意開示の請求に応じてくれる場合がある。証拠を検討するなかでさらに検討したい証拠がある場合には、自白事件、否認事件にかかわらず証拠の任意開示請求をすべきである。その場合、検察官に対し、証拠の特定と開示の必要性を記載した書面を提出するとよい。

2 基本的な方針決定

証拠を検討し、公判における基本的な方針（公訴事実を認めるか、否認するか）の決定をする。基本的には、依頼人の主張どおりの方針になることが通常であろうが、弁護人でしか気づきえない法律上の争点（法律適用の疑義や、違

法収集証拠の問題など）などを見過ごしてはならない。

　公訴事実についてどこが争点になるかは、事前に検察官と打合せをしておく必要がある（刑訴規則178条の6第3項1号）。下記の証拠意見とともに、検察官に伝えるのが通常である。

3　証拠意見の検討
(1)　基本的な考え方

　弁護人は、第1回公判期日前に検察官が開示した証拠について、刑訴法326条の同意をするかどうか、取調請求に関し異議がないかどうかの見込みについて検察官に通知することを要する（刑訴規則178条の6第2項2号）。

　弁護人に検察官の立証に協力する義務はない。したがって、基本的な考え方としては、「原則不同意（異議あり）」であり、弁護人にとって証拠採用に賛成するメリットがあるか、という視点で臨むべきである。

　乙号証についても、原則として不同意という態度で臨むべきであるが、刑訴法322条があるため、任意性を争わない限り、不利益供述を内容とする証拠は採用されてしまう場合が多い。公判では、乙号証の不同意の理由を聞かれるため、（たとえば任意性を争う趣旨かどうか）検討しておいたほうがよい。

　なお、近年、乙号証に不同意意見を述べると（場合によっては、同意意見であっても）、まず被告人質問を先行させ、その後乙号証取調べの必要性を検討し、証拠決定をするという運用がみられるようになった。捜査機関が作成した調書による認定よりも、法廷で被告人が直接、裁判官の前で話すことによる認定のほうが一般に望ましい。積極的に乙号証に不同意意見を述べ、被告人質問先行を弁護人側から求めていくべきである。求めに応じる裁判所も増えてきている。なお、裁判所がこの点についていかなる訴訟指揮をするかを事前に尋ねておいたほうが、被告人質問の準備の便宜上望ましい。

(2)　量刑事件

　量刑事件については、裁判の早期終了や身体拘束からの解放などのメリットが大きいため、積極的に同意・異議なしの意見を述べることも考えてよい。

　もっとも、立証に必要のない証拠や関連性の乏しい証拠、被告人の悪性格を立証するだけの証拠など、有害な証拠が請求証拠に含まれていることはままあり、不同意意見を述べるべき証拠である。また、公訴事実を認めている事件であっても、書証に事実と異なる記載があった場合には、不同意の意見

を述べることに躊躇する必要はない。こういった証拠に不同意意見を述べても、量刑事件であれば検察官が単に証拠を撤回するだけの場合も多い。量刑事件であっても、「原則不同意」という基本的な考え方に変わりはなく、証拠意見に迷ったら不同意意見を述べるべきである。なお、弁護人の同意権は、包括代理権に基づくものであって、その第一次的主体はあくまでも被告人であることを忘れてはならない。被告人にも証拠を差し入れたり、アクリル板越しに見せたりして、被告人の意見を聞くことは必要である。

(3) 否認事件

否認事件については、基本的に、証拠採用に賛成するメリットは少ない。

弾劾すべき証人の調書を不同意とすべきなのはもちろんのこと、調書の記載自体に争いがなくても、反対尋問で有利な事実が獲得できる可能性のある証人の調書であれば、不同意意見を述べるほうが被告人の利益に適うことが多い。

客観的な証拠で争いのない事実に関するものであれば、こちらの求める心証形成にも資するというメリットがあるため、同意の余地はあろう。

否認事件の場合にも、被告人に証拠を差し入れたうえで意見を聞くことが重要であることはいうまでもない。

4　公判前整理手続

公判前整理手続が立法化されてから数年が経過し、実務ではすでに定着している。本書は、国選弁護を初めて受任した新人を主な対象としている。そこで、手続内容や公判前整理手続の中身に関する戦略は他の文献に譲り、裁判員対象事件でない一般の事件でも公判前整理手続を活用できる場合があるか、という視点で記述することとする。

(1) メリットとデメリット

公判前整理手続のメリットは、なんといっても証拠開示である。公判前整理手続においては、請求証拠（刑訴法316条の14）のほか、いわゆる類型証拠（刑訴法316条の15）、主張関連証拠（刑訴法316条の20）が開示され、多くの検察側証拠を入手できる。これは、相当に多大なメリットである。また、2016（平成28）年12月から証拠一覧表の交付請求が認められ、証拠開示の重要な手掛かりになりうる。他にも、検察官の証明予定事実の明示義務（刑訴法316条の13）により、主張や証拠構造が明らかになるというメリットもある。

一方、デメリットとしては、まず、審理の長期化が挙げられる。公判前整理手続は、証拠開示等を丁寧に行えば相当期間のかかる手続であり、半年、時には1年以上に及ぶ場合もある。また、弁護人の主張を公判に先立って明示したうえ（刑訴法316条の17）、請求予定の証拠は開示しなければならない（刑訴法316条の18）ことなどから、デメリットが生じる可能性もある。さらに、公判前整理手続に付された事件では整理手続終了後の新たな証拠請求が原則として制限され（刑訴法316条の32）、証拠をあとから追加するということが難しいというデメリットもある。

(2)　どのような事件で公判前整理手続を求めるべきか
　どのような事件で公判前整理手続を求めるべきかは、上記メリットとデメリットの比較衡量によるであろう。
　たとえば、1回結審の自白事件などは、審理の長期化のデメリットが際立つ一方、証拠開示も任意開示で足りる場合もあり、公判前整理手続のうまみは少ない。
　一方、否認事件であれば、審理の長期化のデメリットは少なく（一般の否認事件は期間を空けて期日を入れていくため、場合によっては公判前整理手続に付したほうが期間短縮になる場合すらある）、一方で、争う材料となる有利な証拠の開示を受けられるメリットは限りなく大きい。
　こうしたメリット・デメリットを説明し、被告人の意向も確認しながら、公判前整理手続を求めるか検討すべきである。否認事件が中心となるであろうが、公判前整理手続を積極的に求めるべき事件は多いと考えられる。

(3)　意見の述べ方
　刑事訴訟法改正により、当事者に公判前整理手続に付すことを求める請求権が付与された。第1回公判への準備が進まないうちに、早期に請求するのが望ましい。
　公判前整理手続に付すための要件は、「充実した公判の審理を継続的、計画的かつ迅速に行うため必要があると認める」ことである（刑訴法316条の2第1項）。したがって、当該事件がこの要件を充たすことを論じなければならない。一般的には、事案の複雑性や争点の数、証拠の数などによるため、事案や証拠が複雑で多くの争点が予想されることをアピールしなければならない。弁護人としてのメリットが証拠開示であっても、証拠開示の防御上の必要性を言うだけでは不十分であることが多い。

なお、裁判所が請求を認めず第1回公判が開かれた場合でも、期日間整理手続（刑訴法316条の28）でほぼ同様の目的が達成できるため、その段階でも期日間整理手続に付すことを求める請求が考えられてよい。なお、請求が却下されても独立の不服申立ては認められていないので注意を要する。

⑷　参考文献

　公判前整理手続については、多数の論文等がすでに発表されているが、下記の文献が基本的なものとして参考になる。

◎山崎学『公判前整理手続の実務』（弘文堂、2016年）
◎日本弁護士連合会裁判員本部編『公判前整理手続を活かす〔第2版〕（GENJIN刑事弁護シリーズ5）』（現代人文社、2011年）
◎大阪弁護士会裁判員制度実施大阪本部編『コンメンタール公判前整理手続〔補訂版〕』（現代人文社、2010年）
◎辻裕教「刑事訴訟法等の一部を改正する法律（平成16年法律第62号）について⑴」法曹時報57巻7号（2005年）
◎辻裕教「刑事訴訟法等の一部を改正する法律（平成16年法律第62号）について⑵」法曹時報57巻8号（2005年）

5　弁護側立証の準備

　弁護側の準備としては、被告人その他の関係者と面談すること等によって、事実関係を確認しておくこと（刑訴規則178条の6第2項1号）はもちろん、公判での立証の準備をする必要がある。

⑴　証人

　自白事件・否認事件に限らず、弁護側に有利な情報を持っている人物は、積極的に証人尋問請求すべきである。事件に関する事実関係について有利な証言ができる証人のほか、量刑事件においては、いわゆる情状証人として、家族や雇用主等を証人請求するのも有効である。1回で審理を終えようとするときは、当日、証人を同行し、在廷させる必要がある。

　証人尋問においてなによりも重要なのは、事前の打合せである。必要な事実について過不足なく話してもらうため、繰り返し打合せをして当日の質問に答えられるよう準備しておくべきである。また、検察官の反対尋問を想定し、その対策も考えておくことが望ましい。なお、事前に書記官から問合せを受けることがあるので、各証人の尋問にかかる時間配分も確認しておく必

要がある。

　請求予定の証人については、その氏名・住居を知る機会を与えること（刑訴法299条1項）が必要である。

(2)　書証の準備

　公判で請求する予定の証拠としては、争いのない事件であれば、たとえば被告人の反省文、示談や損害賠償に関する証拠や嘆願書などが考えられる。検察官からの証拠開示を受けた証拠からも、弁護人で請求できる証拠がないか検討すべきである。

　請求予定の書証については、検察官に対し、公判に提出予定の証拠を提示して閲覧する機会を与えること（刑訴法299条1項）が必要である。閲覧のうえで検察官が証拠意見を検討するので、公判期日の1週間前くらいまでには提示しておくことが望ましい。なお、証拠の事前提示は、ファクスによることが多い。

(3)　被告人質問

　厳密には弁護人請求の証拠ではないが、ほぼすべての事件で被告人質問は実施される。弁護人がまず主質問を行うことになるため、繰り返し接見（打合せ）をして、十分な準備をしておくことが重要である。

⑪ 公判廷

焦り

　午前9時40分、533号法廷。
　昇平くんは、大塚さんと法廷の前で待合せの約束をしていた。しかし、大塚さんは時間になっても現れない。このまま来なかったらどうしよう、昇平くんは急に不安になってきた。
　昇平くんの心配が最高潮に高まった午前9時50分、やっと大塚さんが父親と一緒に法廷前に現れた。

　昇　平　大塚さん！　遅いじゃないですか。心配したんですよ。
　大　塚　すみません。法廷がどこかわからなくなってしまって……。

　昇平くんは、もっとわかりやすい場所で待合せをするべきだったと後悔した。
　昇平くんが大塚さんと父親とともに法廷に入ると、検察官も裁判官もまだ来ていなかった。書記官と2人の司法修習生がそれぞれの席に座っている。
　昇平くんは書記官に情状証人が在廷していることを告げ、父親に用意させていた認印を出すよう指示し、証人カードおよび宣誓書に署名等をさせた。昇平くんの様子は一見ベテラン刑事弁護人であるかのようであった。傍聴席から法廷の中に入り、裁判官席に向かって左側の席に座り、鞄から記録を出してパラパラと目を通した。書記官が声をかけた。

　書記官　あの、先生。
　昇　平　は、何か？
　書記官　ここは検察官の席ですよ。弁護人の席はあちらです。

書記官は反対側の席を指差した(被告人が座る席があるほうが弁護人席、六法が置いてあるほうが検察官席という見分け方もできるが、書記官に聞くのが一番早い方法である)。
　なるほど、机の上に検察官用の六法全書が置かれている。昇平くんは内心動揺したが、さりげなく反対側の席に移り記録に目を通すふりをした。

昇　平　あ、そうだ。すみません。
書記官　あ、はい。何でしょう。
昇　平　大塚さんの席ですが、事前に連絡したとおり、私の隣でお願いします。
書記官　え？　ああ、そうでしたね。裁判官にはすでに確認していますので、問題ありません。

　すると、検察官が風呂敷に記録を包んで法廷に入ってきた。検察官は、昇平くんのほうに近づいてきて、話しかけてきた。

検察官　先生、事前にお見せした記録から漏れていた供述調書があります。被告人のバイト先の上司の供述調書です。同意していただければと思います。

　検察官は風呂敷包みの中からその調書のコピーを取り出して昇平くんに渡した。予期していない事態であり、どう対応したらよいかわからない。その場で、供述調書に目を通してはみたものの、なかなか内容が頭に入ってこない。昇平くんは、調書の中身が情状に関するものなので、同意しようかとも思った。
　すでに書記官は席に着いて書類をめくっている。昇平くんは焦った。裁判官席の後ろから足音が聞こえた。

昇　平　不同意です。

昇平くんは検察官にそう言い捨てて、急いで弁護人席に戻った。

緊張

書記官　ご起立ください。

裁判官が入廷した。

裁判官　被告人は前へ。

大塚さんはおずおずと前に進んだ。裁判官の人定質問が始まった。大塚さんは緊張のあまり、声が震えていた。

裁判官　被告人に対する傷害被告事件の審理を始めます。検察官、起訴状を朗読してください。

検察官はすっと立ち上がり起訴状を朗読した。朗読が終わると裁判官は、被告人に対して黙秘権を告知した。

裁判官　今、検察官が読み上げた事実は間違いありませんか？
大　塚　はい、間違いありません。
裁判官　弁護人のご意見はどうですか？

昇平くんは席から立ち上がった。すると、起立したとたん、自分の顔に全員の視線が集中するのを感じた。顔が熱くなっていく感覚を覚え、答えるはずの言葉を見失ってしまった。

昇　平　……。
裁判官　弁護人、ご意見は？

昇　平　ええ、同意いたします。
裁判官　同意？　被告人と同様ということですね？
昇　平　あ、はい、そうです。

　検察官が冒頭陳述を行った。
　冒頭陳述によれば、被告人は平成〇〇年５月14日午後11時10分頃、バイトの仲間たちと有楽町にある居酒屋に入り、酒を飲んでいたところ、バイト仲間の被害者寺岡と些細なことで口論に及び、無抵抗の寺岡の頭部をビール瓶で殴り加療約４週間の傷害を負わせたものであるとされている。

検察官　以上の事実を立証するため、証拠等関係カード記載の証拠の取調べを請求いたします。

　書記官が検察官から証拠等関係カードを受け取り、裁判官、昇平くんに手渡した。やはり、事前に受け取っていた証拠等関係カードとは異なり、本日受領した証拠等関係カードの甲号証の中には先ほどの上司の供述調書も記載されていた。

裁判官　弁護人、請求証拠に対するご意見はいかがですか？
昇　平　えー、請求番号18の供述調書を不同意として、その余は同意いたします。

　昇平くんは甲18号証を大塚さんに見せておらず、また、内容の確認ができなかったこともあって、とりあえず不同意と回答した。

裁判官　検察官、いかがですか？
検察官　甲18は撤回いたします。
裁判官　では、同意のあった甲号証を採用します。弁護人、要旨の告知でよろしいですか？
昇　平　結構です。

検察官はてきぱきと手際よく要旨の告知を行った。書記官が検察官から証拠書類を受け取り裁判官に手渡した。乙号証についても甲号証と同様に証拠調べがなされた。

裁判官　弁護側の立証は？
昇　平　（書記官に証拠調請求書を手渡す）書証として被害者との示談書、被害者作成の領収証および医師作成の診断書を、情状証人として被告人の父親を申請いたします。被告人質問も20分程度予定しています。
裁判官　それぞれ立証趣旨を述べてください。
昇　平　えー、示談書は被告人が被害者と示談し被害者が被告人を許した事実を、領収証は被害者が示談金として30万円を受け取った事実を、診断書は被害者とのけんかで被告人自身も負傷した事実をそれぞれ立証します。また、証人で被告人の性格、家族関係などの情状を立証します。
裁判官　検察官、ご意見は？
検察官　書証について同意します。証人についてはしかるべく。
　　　　（昇平、書証の要旨の告知を行う）
裁判官　では、弁護人は書証を提出してください。
昇　平　（示談書も領収書も後で使うな……）書証は、原本を確認していただき、写しを提出とさせていただきたいと思います。
裁判官　ではそれで結構です。提示してください。

弁護人提出の書証を取り調べた後、父親が証言台に立った。

情状証人尋問

裁判官　では、宣誓書を読み上げてください。

昇平くんは、思わず起立しかかったが、まわりは誰も動かない。
　そうか、民事と刑事は違うのだ（裁判所によって取扱いを異にする。東京地裁の場合は、関係者は座ったまま宣誓をする扱いをしている）。修習生は昇平くんを見て笑いをこらえているようだ。父親は震える手に宣誓書を取って読み終えた。裁判官は父親に偽証罪等の説明をした。

裁判官　弁護人、始めてください。
昇　平　はい。それでは、弁護人の大宮からお伺いさせていただきます。証人は被告人の父ですね？
大塚父　はい。
昇　平　職業は何をされていますか？
大塚父　○○をしております。

　昇平くんは準備しておいた尋問メモを片手に証人の家族構成、家族の収入を尋ねていった。昇平くんの声はわれながらびっくりするほど大きく法廷内に響き渡った。父親は打合せどおり答えていく。すべり出しは好調だ。
　昇平くんは、父親に対し、大塚さんが今後どのように生活をしていくかを聞き、昇平くんの尋問は終わった。

反対尋問

裁判官　では、検察官、何かありますか？
検察官　はい、1、2点お聞きしたいと思います。

　大塚さんの父親の顔が緊張した。

検察官　被告人は、以前にも人を殴ったことがありますね？
大塚父　……ありました。
検察官　その事件もやはり、酒を飲んでけんかして、相手に傷を負わせたものではありませんか？

大塚父　……はい。
検察官　そのときも、あなたは被告人を監督できなかったのではありませんか？
大塚父　……。
検察官　こんなことでは今後も再び同じような事件を起こしてしまうのではありませんか？
大塚父　……。

検察官の反対尋問は厳しく、父親の監督が無力であることを指摘した。

被告人質問

続いて被告人質問が行われた。

昇平くんは、大塚さんに、今回の事件の動機について質問した。大塚さんは、前よりもはっきりとした口調で、現在のアルバイト生活に嫌気がさしていたこと、被害者の寺岡さんの酒癖が悪くからんできて、最初は相手にしなかったが、寺岡さんがあまりに執拗に自分を罵り小突き始めたため、ついかっとなってけんかをしてしまったことなどについて、淡々と話した。大塚さんは、今後は実家に帰り、働きながら資格試験合格を目指すことを述べ、主尋問を終了した。

検察官も当初覚えていないと述べていたことについて若干質問したが、大塚さんの父親に対するほどの迫力はなかった。

続いて検察官は論告を行い、大塚さんに対し懲役1年を求刑した。

これに対し昇平くんは、弁論の中で執行猶予付判決を求めた。最後に大塚さんが迷惑をかけ申し訳ない旨の陳述を行った後、結審し、判決言渡し期日が7月31日午後1時15分と指定された。

昇平くんは、事務所へ帰る道々、裁判を思い出しながら、しっかり今後の予定を語ることができた大塚さんは大丈夫だろうと思った。

■解説

1　冒頭手続

　第1回公判が開廷されると、被告人の人定質問（刑訴規則196条）、起訴状の朗読（刑訴法291条1項）、黙秘権などの告知（刑訴規則197条1項、刑訴法291条3項）、被告事件についての陳述（刑訴法291条4項）の順で手続が行われる。

　弁護人が発言する最初の機会は、被告事件についての陳述である（なお、場合によっては起訴状朗読の直後、起訴状について求釈明を行うこともある）。

1　全部認める場合
　通常、被告人が事実に相違ない旨述べ、弁護人は公訴事実を争わない旨陳述する。

2　否認の場合
　被告人は、読み上げられた事実について、何を否認するのかを具体的に述べるのが通例である。この際、被告人は自分の言葉で意見を述べれば足り、詳細は弁護人が述べるほうがよい。公訴事実に対する意見は、書面で準備しておくほうが望ましい。被告人の意見陳述のとき、裁判所が被告人質問を先取りするかのような質問をする場合があるが、そのときは弁護人が引き取って意見を述べる。

　なお、基本的には一部否認の事件も同様である。

2　検察官立証

1　検察官の冒頭陳述（刑訴法296条本文）
　検察官が立証しようとする事実を陳述する手続である。不明確な点については求釈明を行い、不適切な事項にわたる場合には異議を述べ、削除を求めるべきである。

2　証拠調べの請求

多くの場合、証拠等関係カードに番号を付して書証（調書など）・証拠物が一括して請求される。

3　証拠調べの請求に対する弁護人の意見

事前準備として閲覧・謄写したものと違う証拠が挙げられることもあるので、確認して意見を述べることが大切である。証拠意見を述べるにあたっては、証拠意見書を裁判所に提出して行うのが便宜である（なお、証拠意見書に限らず、公判中に裁判所に提出する書面は、検察官用と裁判所用、書記官用、弁護人の控えの合計4部（原本は1通でよい）の書面を準備しておくとよい）。

(1)　書証・証拠物の証拠能力を争わない場合

書証については「同意する」、証拠物の取調べには「異議ありません」と陳述する。

(2)　書証・証拠物の証拠能力を争う場合

証拠能力を争う証拠については、番号を特定して、不同意等の証拠意見を述べる。

裁判所から稀に不同意の理由を聞かれることがあるが、答える義務はない。甲号証については、仮に答えるとしても、「事実と異なる」または「反対尋問の必要がある」という以上のことは答える必要がない。

他方、被告人の供述調書については、いかなる点に不服があって争うのか争点を明らかにするために、理由を付して「任意性（信用性）を争う」と明確に答えるべきである。任意性を争う場合は、実務上、自白の任意性に問題がありそうだという状況を明らかにすることを裁判所から要求されるので、事前にその点の準備をしておいたほうがよい。

不同意書証が多い場合や一部不同意の場合は、書面で提出したほうが間違いがなく、わかりやすい。一部不同意の場合、裁判所に不同意部分の内容を一切秘匿するために、同意部分を記載して特定する等工夫をこらすべきである。一部不同意の場合、検察官は単に不同意部分に紙を貼るだけの場合があるので、裁判所に不同意部分の内容が知られることのないよう、検察官に対し早期に一部同意の内容を連絡し、抄本の作成および提出を要請すべきである。

(3) 証人請求

証人請求については、その関連性・必要性を検討し、意見を述べる。

採用に特段意見のない場合には「しかるべく」、採用に反対する場合には「異議あり」と述べて、その理由を陳述すべきである。

4 証拠決定（刑訴規則190条1項）

違法な証拠決定には、異議を述べるべきである。仮に異議が棄却されたとしても、訴訟手続の法令違反として控訴の理由になる（刑訴法379条）。異議を申し立てなければ、責問権の放棄として適法な控訴の理由にならないおそれがある。そのため、違法な証拠決定には、積極的に異議を申し立てるべきである。異議には理由が必要であるが、証拠決定に対しては異議の理由は違法に限られることに注意しなければならない（刑訴規則205条1項）。

5 証拠調べの実施

書証については、要旨を告知することが多い。その場合、検察官の告知内容に不適切な点があれば指摘して是正を求め、また異議を述べ、かつ被告人に有利な内容を公判廷で明らかにするよう要求することも大切である。

③ 弁護人立証

1 冒頭陳述（刑訴規則198条1項）

弁護人の冒頭陳述は、検察官と異なり義務ではない。

しかし、争点に対する弁護人の主張を明らかにし、裁判所が被告人に有利な心証形成を行うのを助けるメリットがある。

裁判員裁判の施行に伴い、弁護人の冒頭陳述は一般的となりつつある（公判前整理手続に付された事件は弁護人の冒頭陳述が義務であるため）。裁判員裁判対象事件以外でも、（とくに争いのある事件では）積極的に弁護人の冒頭陳述の許可を求めるべきである。

弁護人の冒頭陳述の時期は、検察官の冒頭陳述の直後か、弁護側立証の直前に行う。事案ごとに有利な時期を弁護人が要求すべきであるが、結論は裁判所の訴訟指揮によるところが大きい。

2 証拠調べの請求

一般に証拠調べ請求書と題する書面に、証拠の標目と立証趣旨等を記載して、請求する。

なお、公判前整理手続を経た事件では、やむをえない事由によって同手続において請求できなかった証拠を除き、同手続終了後に証拠調べ請求をすることはできないので、注意を要する（刑訴法316条の32）。

① 書証

各書証に弁第○号証と付ける。通常は提出順であるが、被告人が複数いる場合や人証と書証とを異なって取り扱う場合、同一に扱う場合等、必ずしも扱いが統一されていないため、書証自体には直接番号を振らないほうがよい（証拠調べ請求書上は番号を付しておく）。

なお、弁護人請求の証拠書類の取調べ方法は、検察官請求の場合と同様である（刑訴法305条、刑訴規則203条の2）。

② 公務所に対する照会請求（刑訴法279条）

必要のある場合、裁判所に請求して公務所等への照会を利用して文書を取り寄せることもある。

③ 罪体証人、情状証人

前述のとおり、証人との事前打合せを十分行うことが必要である。

また、証人は、宣誓書に署名・押印しなければならないため、証人予定者に対し、印鑑を持参するようにあらかじめ伝えておくとよい。

なお、証人出廷の際に、証人の旅費日当を請求するかどうか裁判所に聞かれる。証人の旅費日当は訴訟費用として基本的に被告人の負担になるので、情状証人の家族などであれば放棄させることが多い。

④ 鑑定請求

⑤ 検証請求

⑥ 情状鑑定の利用

これまで被告人に関する鑑定は、いわゆる精神鑑定のみにとどまっていた。近時、執行猶予や再度の執行猶予（保護観察付）等の社会内処遇の可否について、被告人の家族関係、生活環境、生活歴、犯行に至る経過などを資料として鑑定をする例が見られる。このような情状鑑定を利用することも有益である。現在、この種の鑑定を行う機関として、「社団法人家庭問題情報センター」（TEL.03-3971-3741）があり、実際に活用されている。

⑦　情状立証のポイント

　情状については、記録にある事実、弁護人の活動によって得られた事実をできるだけきめ細かく立証する。

　たとえば、示談については、被害者との示談ができたことを書証等で明らかにする（示談書は原本取調べ、写し提出とすることでよい〔刑訴法310条〕）。できなかったときは、その交渉経過を被告人質問や報告書等で明らかにする。

　覚せい剤取締法違反等被害者のない犯罪の場合や、示談ができなかった場合には贖罪寄付の制度を活用する方法がある（前記❼3 8⑶〔97頁〕参照）。

　また、最近は行為責任主義が、量刑を決めるにあたって裁判所に強く意識されるようになっている（司法研修所編『裁判員裁判における量刑評議の在り方について』〔法曹会、2012年〕3〜8頁）。情状立証というと一般情状に目が行きがちであるが、犯情事実について弁護人が積極的に主張・立証できることはないかという視点を忘れてはならない。

⑧　被告人質問

　被告人質問は職権で採用されるため、人証申請の場合と異なり、とくに証拠として請求する必要はない（したがって、証拠調請求書に記載する必要もない）。

④　弁論要旨

　弁護人の弁論の方法は各人さまざまであるので工夫されたい。

　弁論の内容について書面で提出する義務があるわけでもない。これまでは弁論の内容を弁論要旨という書面にして提出するのが通例とされてきた。用意した弁論要旨を朗読し、弁護人の弁論とするのもひとつの方法である。書面を持たず、裁判官の目を見て説得するといういわゆるペーパーレスでの弁論も効果的な弁論の方法であろう。その際、パワーポイントなどのプレゼンテーションソフトを使ったり、パネルを用意するなどして、視覚的に弁護人の主張を伝える方法もある。いずれにしても、重要なことは徹底して証拠の議論を行い、裁判官を説得するということである。

　どのような方法によるにしても、たとえば法廷で事情が初めてわかる事態も生じうる。その際には、あらかじめ準備してきた書面に必要な主張を付け加えるなど、臨機応変な対応が必要である。そのような場合には、弁論要旨

を朗読する方法であっても、その日の法廷の内容に沿った弁論をして、あとで正式な弁論要旨を裁判所に提出するのもひとつの方法である。

　弁論要旨は、弁護人の弁論内容を明らかにし、裁判所の重要な判断資料となるものである。事実を争う事件では、なぜ被告人が無罪なのかを説得的に述べるための工夫が求められる。弁論の記載内容や記載の順番に決まりはなく、弁論の方式にも決まりがない。各自自由に工夫されたい。

　情状のみを主張する場合であっても、犯情と一般情状とを分けて論ずる等、工夫の余地があることに留意すべきである。

⓬ 判決言渡し

宣告

　７月31日、晴れ。今日も相変わらず蒸し暑い。判決は午後１時15分に言い渡される。昇平くんは午前中からどうも落ち着かなかった。
　昼食もそこそこに早目に裁判所に向かった。昇平くんが法廷の前まで来ると、大塚さんと父親が不安そうに待っていた。大塚さんは、昇平くんを見つけるとほっとしたように礼をした。

大　塚　先生、大丈夫でしょうか？
昇　平　やるべきことはすべてやりました。あとは静かに判決を待ちましょう。

　そうは言ったものの、不安なのは昇平くんも同じであった。やるべきことはやったと思うが、やはり一抹の不安はつきまとう。
　午後１時15分、裁判官が席に着いた。

裁判官　被告人、前へ。大塚悟郎ですね。被告人に対する傷害被告事件について、判決を言い渡します。

　昇平くんは固唾を飲んだ。

裁判官　主文、被告人を懲役１年に処する。

　裁判官はちょっとの間、呼吸を整えた。法廷は異様なほど静まりかえっている。昇平くんは息が詰まりそうな重圧感を覚えた。
　裁判官は続けた。

裁判官　この裁判が確定した日から３年間その刑の執行を猶予する。罪となるべき事実は……。

　裁判官が判決理由を読み上げていく。
　昇平くんは胸をなでおろした。もう昇平くんには裁判官の言葉がほとんど耳に入らない。ちらっと傍聴席の父親に目を走らせると、うっすら涙ぐんでいるように見えた。
　裁判官が最後に、被告人に対して「今後、ご両親を悲しませることのないように」と言っているのが、耳に入った。

裁判官　これで言渡しを終わります。

　裁判官は、この判決に不服があるときは控訴できる旨を説明した後、退廷した。

安堵

　昇平くんは、言渡しが終わるまで、大塚さんの顔を見ていないことに気がついた。大塚さんは泣いていた。そして、深々と裁判官に礼をした後、昇平くんにも挨拶した。
　昇平くんは、大塚さんと傍聴席の父親に目で合図して廊下に出た。父親は興奮したような、安堵をしたような表情をしている。

大塚父　先生。本当に何とお礼を言ったらいいか……。
昇　平　いいえ。これもお父さんが立派な証言をしたからですよ。今後の話もありますので、一度事務所に来てください。
大塚父　わかりました。明日、先生の事務所にお伺いいたします。

■解説

1　判決言渡期日における弁護活動

　被告人はどのような判決がなされるのか不安に思っていることが多いので、判決期日の当日には仮監置室等で被告人と事前に接見し、当面の問題を助言するとよい。

　勾留中の被告人に実刑判決が言い渡された場合、直ちに仮監置室等で被告人と接見し、判決の意味を説明し、控訴の期限および控訴するか否かを慎重に検討するように助言する。控訴は被告人自身で申し立てることもできるが、一審国選弁護人が申し立てることもできるので、被告人の意思をよく確認すべきである（後記❶〔181頁〕参照）。

　在宅の被告人に実刑判決が言い渡されても、直ちに身体拘束となるわけではない。確定した後に検察庁より呼出状が届くので、指定された日に出頭する（確定後の収監については後記3〔次頁〕参照）。

　保釈中の被告人に実刑判決が言い渡されると、保釈は失効し、直ちに収監されるので、実刑判決が予測されるときは、控訴の申立および再保釈請求について事前に被告人に説明し、その意思を確認して用意しておくとよい。

　勾留中の被告人に執行猶予付きの判決が言い渡されると、即時釈放されるが、一度拘置所に戻って荷物を引き取ってから拘置所を出るのが一般的である（他の収容者と同様のバスで押送される扱いとなるが、それ自体適切ではないので、執行猶予判決が見込まれる場合には履物を用意することなども検討する）。そこで、付添いの拘置所職員に帰りが何時頃になるかを聞いて、親族等にその時間を伝え、迎えに行ってもらうようにする。警察の代用刑事施設で勾留されている場合は原則として法廷で釈放されるが、荷物は持たず、サンダル履きが普通なので、家族にあらかじめ履物を用意させ、言渡しに同席させるほうがよい。そして警察署に所持品を取りに行くことになる。

　なお、保護観察が付されたときは、書記官室において保護観察の説明がある。親族等が来ている場合には、被告人とともにその説明を聞いてもらうようにする。

　2016（平成28）年6月から、刑の一部執行猶予制度が開始された。薬物事犯で多く言い渡されている。対象事件では、制度の内容を被告人に説明してお

く必要が出てくるであろう。制度の内容や弁護活動上の注意点などは、以下の文献を参照。

◎川出敏裕ほか「座談会：刑の一部執行猶予制度の施行とその課題」論究ジュリスト17号（2016年）
◎特集「一部執行猶予制度の要点と弁護実務」自由と正義2016年4月号

2 判決書

判決書謄本の交付を受けるには弁護人の請求が必要である（刑訴法46条）。

交付を請求する場合は、判決謄本交付請求書を担当部に提出する。また、判決書1枚につき60円の印紙を添付しなければならない。ただし、国選事件の場合には、費用を要することなく担当部から判決書の写しの交付を受けることができる。判決言渡し後、判決書の写しの交付を希望する旨を担当書記官に伝えるとよい。

なお、刑事の場合、判決書は判決期日までに完成している必要はない。請求しても判決書ができていないこともあるので、交付請求書提出後、書記官から電話で連絡を受けたうえ受領する。

3 実刑判決確定後の収監・処遇

実刑判決が予想される場合には（一審の場合に控訴するか否かは別として）、実刑判決確定後の収監・処遇手続の大まかな流れを、被告人およびその家族に対し事前に説明しておく必要がある。

1 刑の執行指揮

実刑判決が確定すると、検察官は刑事施設の長に対し、執行指揮書（執行事務規程19条）により刑の執行を指揮する（刑訴法471条、472条1項）。東京拘置所の場合は、確定後執行指揮がなされるまでに自然確定の場合で約2〜3日、上訴取下げの場合で約1週間を要する。判決が確定していても、その執行指揮がなされ、受刑者に対して刑開始の言渡しを行うまでの間は、未決被拘禁者として処遇される。

身体拘束がされていない場合（控訴審で保釈中の場合も含む）には、被収監

者に対して呼出状が送付される（刑訴法484条前段）。被収監者は、この呼出状で指定された日時に検察庁に出頭する。判決確定からこの出頭期日までの期間は一定ではない。なお、呼出状による出頭要請に応じない場合は、収容状が発付される（刑訴法484条後段）。

2　収容される刑事施設などの決定

(1)　処遇調査

　刑事施設の管理運営およびこれに収容されている受刑者・未決被拘禁者等の被収容者の処遇は、「刑事収容施設及び被収容者等の処遇に関する法律」（以下、「刑事収容施設法」という）に基づいて行われている。

　受刑者の個性に応じた処遇を行うために（個別処遇の原則）、執行指揮後、刑事施設（東京拘置所）において入所時調査としての処遇調査が行われる。健康診断や受刑者本人が記載した生活歴に関するアンケートなどの結果を踏まえて、処遇調査担当職員が受刑者と面接し、受刑者の精神・身体の状況、成育・犯罪歴、生活環境等について調査を行う（概ね10日間）。

　また、新たに刑が確定した受刑者で、可塑性に富んでいる若年の者および特別改善指導の実施方法を定めるためにとくに調査を必要とする者（性犯罪受刑者等）などは、調査センターとして指定されている特定の刑事施設で精密な処遇調査が行われている。

(2)　処遇指標

　刑事施設では、刑の執行開始時に処遇調査（調査センターでの処遇調査を含む）を行い、その調査結果を踏まえ、受刑者に処遇指標を指定する。受刑者は、処遇指標を指定されることで、収容される刑事施設と強制処遇の重点方針が決定される。さらに、処遇調査の結果に基づいて、矯正処遇の目標ならびにその基本的な内容および方法が処遇要領として定められ、矯正処遇はこの処遇要領に沿って計画的に実施される。その後、矯正処遇の進展に応じて、定期的にまたは臨時に処遇調査が行われ、その結果に基づき、処遇指標および処遇要領は変更されることもある。

3　刑事施設（刑務所、少年刑務所、拘置所）

　関東近隣所在の刑事施設で扱う受刑者の属性等は次々頁のとおりである。
　2007（平成19）年4月には、日本初の民間委託矯正施設として、山口県美弥

【処遇指標】(2019年12月31日現在)

D	拘留受刑者
Jt	少年院への収容を必要とする16歳未満の少年
M	精神上の疾病または障害を有するため医療を主として行う刑事施設等に収容する必要があると認められる者
P	身体上の疾病または障害を有するため医療を主として行う刑事施設等に収容する必要があると認められる者
W	女子
F	日本人と異なる処遇を必要とする外国人
I	禁錮受刑者
J	少年院への収容を必要としない少年
L	執行刑期が10年以上である者
Y	可塑性に期待した矯正処遇を重点的に行うことが相当と認められる26歳未満の成人
A	犯罪傾向が進んでいない者
B	犯罪傾向が進んでいる者

【矯正処遇の種類および内容】

V0	作業	一般作業	
V1		職業訓練	
R0	改善指導	一般改善指導	
R1		特別改善指導	薬物依存離脱指導
R2			暴力団離脱指導
R3			性犯罪再犯防止指導
R4			被害者の視点を取り入れた教育
R5			交通安全指導
R6			就労支援指導
E1	教科指導	補習教科指導	
E2		特別教科指導	

市に初犯受刑者男女各500人を収容する「美弥社会復帰促進センター」が開設され、現在は、「播磨社会復帰促進センター」(兵庫県)、「島根あさひ社会復帰促進センター」(島根県)、「喜連川社会復帰促進センター」(栃木県)も含め4施

【関東管区の刑事施設】(2022年9月30日現在)

市原刑務所	I/YA/A		東日本成人矯正センター	M/MW/P/PW
川越少年刑務所	I/JA/YA		府中刑務所	M/P/F/B
喜連川社会復帰促進センター	M/P/A		前橋刑務所	B
甲府刑務所	F/I/B		松本少年刑務所	JB/YB
静岡刑務所	F/A		水戸刑務所	B
千葉刑務所	LA/A		横浜刑務所	F/B
栃木刑務所	W/WF/WJ		東京拘置所	
長野刑務所	LA/A		立川拘置所	
新潟刑務所	B			

設が民間委託矯正施設として運営されている。

　刑事施設の照会については、東京拘置所は、被収容者がどの刑事施設に収容されたかについて、その家族などに対し一切通知しない。電話照会も不可能である。被収容者に対して、移送後速やかに家族宛てに移送先を連絡する手紙を書くよう事前に指示しておくのがよい。

4　改善更生・社会復帰のための処遇

(1)　作業（一般作業、職業訓練）

　作業時間は、矯正指導を行う時間と合算して、原則平日8時間で、内容は木工、印刷、洋裁、金属等の生産作業のほか、炊事、洗濯などの自営作業、職業訓練など多岐にわたる。全国8カ所に設けられた総合訓練施設（関東近隣では山形刑務所、川越少年刑務所）では、職業訓練を重点的に実施し、所定の訓練を修了した者には職業訓練履修証明書が交付される。

　なお、仮釈放期間を許すことができる期間（原則として刑期の3分の1）の経過後は、一定の厳しい要件の下ではあるが、外部通勤作業も認められるようになり、外出・外泊も認められるようになった。

　作業の収入はすべて国庫に帰属するが、受刑者には従事した作業に応じた作業報奨金が、原則として出所時に支給される。ただし、所内生活に必要な日用品などを購入するために、一定額の使用が許されている。なお、2021（令和3）年度予算における作業報奨金の1人1月あたりの平均計算額は、4,516

円である。

(2) 改善指導

　社会生活に必要な知識・生活態度を習得させるための一般改善指導や、薬物依存離脱指導、暴力団離脱指導、性犯罪再犯防止指導、被害者の視点を取り入れた教育、交通安全指導、就労支援指導など受刑者の特性に応じた特別改善指導が行われる。

(3) 教科指導

　社会で生活していくうえで必要な基礎学力を習得させるため、学校教育の内容に準じる内容の指導が行われる。義務教育未修了者あるいは修了していても学力が不十分な者に対しては、基礎教科の補習教育を行っている。松本少年刑務所には地元中学校の分校が設置され、修了者には修了証書が交付される。また、受刑者を地元県立高校の通信制課程に入学させ、その卒業資格を取得させているところもある。

5　差入れや面会などについて

(1) 面会・通信など

　親族や代理人弁護士等の重要用務処理者、受刑者の釈放後にこれを雇用しようとする者等の受刑者改善更生に資する者との面会については、権利性が認められ、さらに、友人等についても矯正処遇の適切な実施に支障を及ぼすおそれがなければ、裁量的に面会が認められるようになった。また、面会回数は月２回が最低保障されることになった。

　通信について、犯罪性がある者その他受刑者が信書を発受することにより、刑事施設の規律および秩序を害し、または受刑者の矯正処遇の適切な実施に支障を生ずるおそれがある者に対する発受以外は、原則として許されるようになった。また、発信回数は月４通が最低保障された。なお、受信回数については制限がない。

　受刑者の電話による通信については、開放的施設で処遇を受けている者等について、一定要件の下に許されるようになった。

(2) 日用品などの購入・差入れ

　日用品（ちり紙、石鹸、タオルなど）および衣類は定期的に支給されるが、一定の制限の下で作業報奨金もしくは領置金で購入し、または差し入れられた私物を使用できる。

食料品および飲料（酒類は除く）や嗜好品（菓子等）についても、一定の制限の下で自弁で購入することが可能であるが、食べ物については腐敗するおそれがあるので差入れはできない。

書籍についても、官本として貸与されるもののほか、私本として作業報奨金もしくは領置金で購入したもの、または差し入れられたものを読むことが可能である。

現金の差入れも可能である。

4 仮釈放

刑法28条は、有期刑についてその刑期の3分の1が経過すれば仮釈放を許すことができると定めているが、運用上は、刑期の7割未満での仮釈放は1割にも満たない（ただし、外国人の場合は比較的早期に仮釈放され、強制送還される場合が多い）。

地方更生保護委員会（以下、「委員会」という）での仮釈放の審理は、原則として刑事施設の長の申出に基づいて行われる（更生保護法34条1項）。刑事施設の長はこの申出をするに際し、各自の行状・作業成績、引受人の状態、出所後の生活の見通し、犯罪の内容、被害者に対する誠意、更生への決意などを入所以来の記録に基づいて検討する。その結果、「改悛の情あり」、「更生意欲あり」、「再犯の虞なし」、「社会感情が本人の仮釈放を許している」、「保護関係良好」という要件を充たしていると判断された場合に、仮釈放を申請する。なお、委員会が職権で審理を開始することはできるが（更生保護法35条1項）、受刑者には申請権がない。

申請を受けた委員会は、その構成員である委員に審理を行わせる（更生保護法37条1項）。この委員は、刑事施設を訪問して受刑者と面接のうえ（同法37条1項）、各種調査を行う（犯罪者予防更生法30条1項）。委員会はその結果を踏まえて仮釈放の許否を決定する（更生保護法39条）。なお、仮釈放が許されると、引受人に対して、出所日当日に受刑者を出迎えに来るようあらかじめ通知される。

ⓘ 判決言渡し後

手みやげ

　判決言渡しの翌日、昇平くんの事務所に大塚親子が挨拶に来た。大塚さんは表情も明るくなり、父親も公判のときより元気になったようだった。昇平くんには前日の裁判がなんだか遠い昔の出来事のように思われた。

昇　平　その後どうですか？
大　塚　おかげ様で元気にやっています。落ち着いたら新しいアルバイトを探そうと思います。
昇　平　それは結構なことです。ぜひとも今後は親孝行をしてください。
大　塚　ええ、そのつもりです。

　大塚さんは照れながら答えた。

昇　平　それから、あらためて言うまでもないことですが、大塚さんは執行猶予中の身ですから、今度事件を起こしたら、仮に交通事故であっても、今回の執行猶予を取り消されて刑務所に入れられることもありますから、くれぐれも行動には注意してくださいね。
大　塚　はい。先日、裁判官からもお話がありましたので、十分承知しております。本当にありがとうございました。
大塚父　先生。今回は本当にお世話になりました。これはせめてもの気持ちなのですが……。

　そういうと、大塚さんの父親は、鞄から封筒を取り出し、それを昇平く

んの前に差し出した。

昇　平　これは？

　昇平くんが、封筒を手に取り、中身を見ると、10万円ほどの現金が入っているのが見えた。

昇　平　お父さん、困ります！　以前にも説明したかと思いますが、国選弁護人はこのような品を受け取ることはできないんですよ。
大塚父　いえ、でもここまでしていただいたのに、何もお礼をしないというのも……。
昇　平　お父さん、規則は規則ですから。

　その後も、お父さんはぜひ受け取ってくれるよう頼んだが、昇平くんが断り続けたので封筒を鞄にしまった。その後、昇平くんは示談書・領収書など預かっていた書類を返し、大塚親子を出口まで見送った。
　昇平くんは、弁護士会に提出する結果報告書と、法テラスへの報酬請求のことを思い出し、所定の事項を記入することにした。記憶をたどりながら記入したが、細かいところをなかなか思い出すことができないで困ってしまった。
　前野さんが応接室から昇平くんを呼んだ。応接室の椅子の上に菓子折が置かれていた。

昇　平　これは？
前　野　大塚さんのお父さんが今、戻っていらっしゃいまして、置いて行っちゃいました。困りますと伝えたのですが……。
昇　平　弱っちゃったなあ。あれほど断ったのに。送り返そうか？
前　野　中はドラ焼みたいですよ。そんなに高価なものじゃないから受け取っていいんじゃないかしら。送り返すのはかえって失礼にあたりますから。

昇平くんは、前野さんの言うのももっともだと思い、受け取ることにした。

報酬

昇　平　今回の事件で前野さんにお世話になったから、このドラ焼をごちそうするよ。
前　野　先生、ずるいわよ。ドラ焼で済まそうなんて。
昇　平　わかっているよ。報酬が入ったらごちそうするつもりだよ。何でも好きなものを言っていいよ。
前　野　先生、そんなこと言っていいんですか？　国選の報酬はそんなにもらえませんよ？
昇　平　え、そうなの？
ボ　ス　昇平くん、国選の報酬は低いんだよ。

どこで聞いていたのか、いつの間にかボスが近づいてきた。

前　野　あら、恥ずかしい。先生、聞いていたんですか？
ボ　ス　あれだけ大きな声で話していたら、いやでも耳に入ってくるよ。

ボスは、煙草を取り出し一服吸おうとしたが、前野さんの視線に気づいて、煙草をポケットにしまった。

ボ　ス　今、国選弁護の抱える大きな問題のひとつが報酬が低すぎることなんだ。登録して２、３年のうちは比較的時間に余裕もあって、腰を落ちつかせて取り組むことができるけど、そのうち自分の事件が増えて忙しくなったり、自分で事務所を運営して経費がかかるようになると、なかなか若いときのようにはやれな

い。だから、それなりに経験も積み、力が充実して脂が乗ってくる年代になると、国選から離れる人が多いんだ。本当は、こういう人たちにこそ国選弁護人として活躍してもらわなければいけないんだ。

ボスの語調は激しかった。ボスも日頃から相当不満に思っているようだ。

前　野　先生、そんなに安ければ、弁護士会でストでもやって値上げ運動したらどうですか？
ボ　ス　ハハ、前野さんから過激な意見が出たね。まあストは別にしても、弁護士会だって手をこまねいているわけじゃないんだ。毎年、裁判所との協議会で報酬の増額を要望しているし、日弁連だって裁判所や財務省に毎年要望書を出して、予算の枠を増やすよう要求しているんだ。
昇　平　毎年頑張っているのに、どうして報酬が低いんでしょうか？
ボ　ス　問題は単純ではないということだ。いろんな要因があると思うよ。弁護士会の取組みにもあるし、またそれぞれの弁護士の意識の問題もある。それに、なによりも裁判所・国の理解に大きな問題があると思うよ。犯罪者に国費を使えるかといってね。とにかく、われわれ弁護士が一丸となって立派な弁護活動を行って、国会議員や財務省に実情を理解してもらうほか増額の途はないんだ。

昇平くんも前野さんも、普段温厚でもの静かなボスが、こんなに熱く激しく語ったのを初めて見た。

ボ　ス　みんなが昇平くんみたいに一生懸命国選事件に体当たりすれば、国にも理解してもらえる日はそう遠くないと思うよ。

ボスは昇平くんの肩をポンと叩いて自分の部屋に引っ込んだ。昇平くんはしばらくぼうっとしていた。

満足感

前　野　先生、さっきの約束忘れないでくださいよ？
昇　平　えっ、さっきの約束？
前　野　安いうな重でいいから。

　昇平くんは、前野さんに生返事をした。今のボスの話が頭から抜けない。国選の報酬は低い、中堅弁護士の国選離れ、刑事裁判の形骸化、調書裁判などいろいろな言葉が頭に浮かんでは消えた。
　昇平くんは、自分もいつの日か独立して民事事件で手一杯となり、国選事件をやらなくなる日が来るのだろうかと思った。でも、すぐにその思いを打ち消した。僕はやっぱり刑事弁護が好きだ。これからもずっと国選をやっていきたい。
　大塚親子の生き生きとした様子は一生忘れないだろう。ボスに褒められたことを思い出した。昇平くんはしみじみと初めての国選事件を終えた満足感を味わった。

■解説

①　結果報告書

　東京弁護士会では、結果報告書の提出を求めている。国選弁護活動状況のほか、刑事裁判の動向などを把握するためのもので、事件終了後遅滞なく提出しなければならない。

② 報酬請求

弁護活動が終了してから14営業日以内に、所定の書式により、法テラスに対して弁護活動の報告ならびに報酬の請求を行う。請求を失念すると、最低限の報酬しか受けられなくなるので、注意が必要である。報告書は、事件受任の際に交付されるが、法テラスのホームページからもダウンロードできる。

報告書を提出すると、法テラスが接見回数や公判回数などに基づいて報酬等を算定し、その額が弁護人に通知される。報酬等は、通知の翌月20日までに、国選弁護契約のときに指定した口座に振り込まれる（**資料1**〔195頁〕参照）。

法テラスの報酬額の算定に不服があるときは、不服申立てができる。

③ 手みやげ等の受領について

被告人およびその家族が弁護士事務所に来所する際、菓子折等を持参する場合がよくある。

国選弁護制度の適切かつ健全な運営を図る目的で、弁護士職務基本規程49条は「弁護士は、国選弁護人に選任された事件について、名目のいかんを問わず、被告人その他の関係者から報酬その他の対価を受領してはならない」と規定する。

とはいえ、菓子折等の社交儀礼上の贈物であれば、社交儀礼上の範囲内として許容されると考えることもできよう。むろん、金銭その他これに準ずるものを受領することは、いかなる名目であっても許されない。

14 障害のある人の事件

　被疑者・被告人に何らかの障害がある場合、その障害に配慮した弁護活動が求められる。

　ここでは、とくに知的障害、発達障害、精神障害のある人の刑事事件における弁護活動上のポイントを簡単に述べる。詳しい内容については、後記6(156頁)の参考文献などを参照されたい。

1　障害とは

　はじめに、各障害がどのようなものかについて述べる。どのような基準で障害を判断するのか、どこまでが障害に含まれるのかなど、障害そのものの定義にも難しい問題があるが、ここでは触れない。

　知的障害とは、知的機能の発達の遅れのために社会生活に困難が生じており、特別の援助や配慮を要する状態をいう。厚生労働省の基礎調査などでは、概ね知能指数(IQ)70を基準に判断される。

　発達障害とは、自閉症スペクトラム障害(ASD)、学習障害(LD)、注意欠陥多動性障害(ADHD)など、脳機能の障害であって、通常は低年齢において症状が発現する障害をいう。

　精神障害とは、統合失調症、気分障害(うつ病や双極性障害等)等のさまざまな精神疾患により、日常生活や社会生活のしづらさを抱える障害である。

　なお、同じ障害であったとしても、それぞれの人の抱える障害特性はさまざまである。また、診断名が医師によって変わることもままある。弁護人としては、障害名・診断名にとらわれずに、本人の障害特性を捉えていくことが必要である。

2　捜査段階での弁護活動

1　障害への気づき

　弁護人としてなによりも重要なのは、被疑者・被告人の抱える障害の存在に

気づくことである。気づきのポイントとしては、下記のような点が挙げられる(『障害者等刑事弁護マニュアル』のチェックリストを改変)。このチェックリストなどを参考に、少しでも気になることがあれば、意識して他の項目を聴取するなどすることが重要となる。

【事件の経緯、内容等から】
- ☐ 動機と犯行内容に乖離がある。
- ☐ 根本には、不満を持っている、怒りや恨み等のそれなりに納得できる動機があるが、その動機と、具体的な犯行の内容、対象、時期等の間には乖離がある(不満の対象と犯行の対象にズレがある、遠い過去の出来事についての恨みを現時点で爆発させている等)。
- ☐ 犯行が「一方的、マイペース」な対人関係に起因している(相手の気持ちを一切考慮しないまま犯行に及んでいる、など)。
- ☐ 生じた結果について予測し、あるいは意識した形跡がない(このような結果になるとはまったく思っていなかった、など)。
- ☐ 事件前後の経緯あるいは事件自体に、強いこだわりが認められる。
- ☐ 妄想と考えられる部分がある。
- ☐ 健忘(記憶障害)がある。

【接見時の言動から】
- ☐ 視線が合わない。
- ☐ 言葉遣いやイントネーションに違和感がある。
- ☐ 言葉を字義どおりに捉えてしまう。
- ☐ 文脈や行間を読まない。
- ☐ 指示語やたとえ話、比喩等が通じない、ジェスチャーや、ふくらみのある形容詞、曖昧な表現、ニュアンスが理解されない。
- ☐ 質問と答えが噛み合わない。
- ☐ 自宅の住所や電話番号を答えられない。
- ☐ 家族構成を説明できない。
- ☐ 簡単な言葉(事件、犯行、動機、経歴、検察官、弁護士等)が理解できない。
- ☐ 会話が一方的でマイペースである(唐突に話し出したり、質問をした

- □ 被害者等の気持ちを考えることが極めて難しい（手紙や反省文がまったく書けない、など）。
- □ 独特な表現や言い回しが多い。
- □ 1つのことに固執する傾向が強い。
- □ 場違いな発言や表情がみられる。
- □ 自発的な発言がみられない。
- □ 質問に対して「はい」としか答えず、矛盾した問いに対しても「はい」と答える。
- □ やりとりの中で、こちらの望むような答えをしていることが多い。
- □ 他人や組織に対する不満等を持つ経緯が一方的である。
- □ 要求水準が過度に高く、他人に対して〜であるべき、〜すべきという強い期待を持っており、それに反する行動をとる人への寛容さを欠いている。
- □ 自己本位になっている。
- □ 起きたできごと、目撃したことのディティールに及ぶ情報まで詳しく覚えていて、まるで今その場面を見ながら話すように再現する。
- □ 話しているテーマとは関連性が低いディティールを詳しく話す。

【成育歴、生活歴から】
- □ 精神障害者保健福祉手帳、療育手帳を持っている。
- □ 自立支援医療受給者証（精神通院医療）を持っている。
- □ 障害年金を受給している。
- □ 職場を頻繁に変わっている。
- □ もらっている給料が極端に低い（障害者就労継続支援B型事業所などで就労している場合には、工賃などの名目で賃金が支払われるが、その金額は最低賃金を下回るものであることがほとんどである）。
- □ 眠れない日が続くなどの傾向が見られる。
- □ 精神科や心療内科等の入通院歴がある。
- □ 向精神薬や睡眠導入剤等を服薬している。または過去にこれらの服薬歴がある。

2　接見時のコミュニケーションにおける注意点

　障害のある人とのコミュニケーションにおいては、その人の視点に立って、わかりやすく伝えることが必要となる。

　そのため、なるべく本人に理解してもらえるように、表現の方法を工夫すべきである。その工夫のひとつとして、難解な言葉の使用は避け、平易な言葉の使用を心がけることなどが挙げられる。

　また、黙秘権の説明や手続の流れの説明についても、単に口頭で説明しただけでは、理解してもらえない場合がある。そのような場合には、文字や図、写真などを使って、視覚的に、わかりやすく伝えるなどの工夫をする。

　さらに、こちらから質問をする場合には、基本的にオープンクエスチョンを使用する。被誘導性が高い人が多く、誘導性の強い質問方法を使ってしまうと、弁護人の思惑に沿った答えしか返ってこなくなってしまうので要注意である。オープンクエスチョンで答えることが難しい場合であっても、選択式質問（「○ですか？　×ですか？　△ですか？　それ以外ですか？」などの質問）などを使い、なるべく誘導性を低くする。

3　捜査機関への申入れ

(1)　取調べに関する申入れ

　警察官・検察官が障害の存在に気づかず、そして気づいたとしても適切な対応ができず、不適切な取調べをしている例は相当数あると思われる。

　そこで、弁護人としては、①取調べを可視化すること、②取調べにおいて被疑者の権利に配慮した取調べ方法（具体的には、誘導的な質問をしないなど）をとること、③福祉・心理の専門家など（できれば本人の障害特性を理解している実際の支援者が望ましい）を取調べに立ち会わせること、などを求める旨の申入れを行うべきである。

　また、申入れの際には、障害を理由とする差別の解消の推進に関する法律（障害者差別解消法）7条2項で、「行政機関等は、その事務又は事業を行うに当たり、障害者から現に社会的障壁の除去を必要としている旨の意思の表明があった場合において、その実施に伴う負担が過重でないときは、障害者の権利利益を侵害することとならないよう、当該障害者の性別、年齢及び障害の状態に応じて、社会的障壁の除去の実施について必要かつ合理的な配慮をしなければならない」と定められ、障害のある人に対する合理的配慮の提供が

義務づけられていることを指摘すべきである。あわせて、発達障害のある人の場合には、発達障害者支援法12条の２も根拠とすることができるだろう。

(2) 処遇に関する申入れ

接見時に、被疑者の精神状態が非常に不安定になっており、すぐに治療の必要性があると考えられるときがある。このような場合には、警察の留置係と検察庁の担当検事に対し、早期に被疑者を医療機関に受診させるよう、積極的に申入れをすべきである。この際、精神科への通院歴があるような場合には、家族や主治医から聴取りをするなどの方法で、具体的な診断名や処方薬を調査し、これを明記するほうがよい。

また、このような緊急を要する場合でなくとも、逮捕前に服薬していた薬が、身柄拘束によって服用できなくなってしまうことは多い。これは、精神薬だけに限られない。このような場合にも、同じように申入れを行い、被疑者の医療を受ける権利を保障すべきである。

さらに、とくに発達障害のある人のなかには、感覚過敏といって、音などの刺激に敏感な人が存在する。このような人の場合、近くに大声を出す被収容者がいることが、大きなストレスとなってしまったり、照明の明かりによってほとんど眠れなかったりすることがある。弁護人としては、このような場合にも、被疑者が収容されている居室を別の場所に移動する等、処遇の改善を求めていくべきである。

③ 福祉等の専門家との連携

1 専門家との連携の必要性

被疑者・被告人に障害があることがわかった場合、弁護人としては、その事実を情状面で主張したいと考えることがあるだろう。具体的には、「被疑者・被告人に障害があり、そのことが事件と関連していること」、「今後は、そのような関連に変化を与えるような生活環境や支援体制を調整できているということ」を立証することによって、行為責任への影響や、再犯可能性の低下を主張することなどが考えられる。

このような活動をするうえでは、弁護人が単独で活動を行うことは困難である。そこで、福祉・心理・医療などの専門家と連携をとっていくことが不可欠となる。

2　福祉専門職との連携

近年は、社会福祉士等との福祉専門職と連携し、被告人に対する今後の支援等について、「更生支援計画」と呼ばれる計画（書面にしたものは「更生支援計画書」と呼ばれる）を策定してもらい、それを公判での立証に活かしていく活動が広まってきている。

しかし、弁護士からすれば、「更生支援計画」の作成を依頼したいと考えても、そもそもどこに相談をすればよいかわからない、ということが多いだろう。そのため、東京においては、東京三弁護士会との間の取決めで、各弁護士会に問い合わせると、東京社会福祉士会や東京精神保健福祉士会から、協力してくれる社会福祉士・精神保健福祉士を紹介してもらえる制度が用意されている。また、ほかにも民間で支援をしてくれる団体も存在する（一般社団法人東京TSネットなど）。弁護士会の制度を活用したり、民間団体に支援を依頼することで、それらの支援者と相談しながら、弁護活動を進めていくことができるだろう。

なお、東京弁護士会では、これら福祉的支援を構築するにあたって専門家に支払う費用について、援助制度が用意されている（他会については所属弁護士会に問い合わせていただきたい）。この制度も活用していただきたい。

支援依頼や、援助金を利用する際のガイドライン・書式については、東京弁護士会の会員専用サイトにアップされているので、これを利用していただきたい。

3　連携における注意点

前記1で述べたとおり、弁護活動をするうえでは、福祉・心理・医療などさまざまな専門家と連携することが考えられる。たとえば、責任能力や訴訟能力に疑いがあるような事件では、まずは医療の専門家と連携することが必要となるだろう。それぞれの専門家には、それぞれの専門分野があり、どんな事項について依頼をするのかは意識しなければならない。

近年、福祉専門職との連携の枠組みができ、「更生支援計画書」などの作成が活発に行われるようになった。しかし、その反面、医療や心理の専門分野に関するようなことまで、福祉専門職に依頼するようなケースも増えてきている。弁護人としては、福祉専門職は本人の生活上の困難を聴取し、相談に

乗りつつ、その人に必要な支援を考えていく存在であることを十分に認識し、連携依頼をしていただきたい。

　また、障害のある人の刑事事件に関しては、社会内の制度の動きも非常に活発になってきている。たとえば、2018年4月からは、刑事事件の段階で作成された「更生支援計画書」について、被告人が実刑となってしまった場合、拘置所を通して、その後の受刑先に引き継ぐことのできる制度も試行されている。このように利用できる制度も広がってきているので、都度、会員専用サイトなどを確認していただきたい。

4　専門名簿制度

　2014年4月1日より、障害者等対応の専門弁護士名簿（SH名簿）の運用が開始されている。これは、当番弁護・国選弁護において、被疑者・被告人に精神障害・知的障害等の障害があるとの情報が弁護士会に入った場合に、障害のある人の刑事弁護についての基礎研修を受け、名簿に登録された弁護士を派遣するという制度である。

　名簿登録研修は、原則として、年に2回（東京三弁護士会主催のものと、東京弁護士会主催のものが各1回）開催されている。ぜひ研修に参加して、名簿に登録していただきたい。

5　まとめ

　最初に述べたとおり、ここでは、簡単なポイントのみを述べた。繰り返しになるが、なによりも重要なのは、弁護人がいち早く被疑者・被告人の抱える障害の存在に気づくことである。

　その他、障害のある人の刑事弁護においては、責任能力・訴訟能力との関係、医療観察法との関係なども問題となる。これらの点についても、前記のマニュアルなどを読んでいただきたい。

6　参考文献

◎東京三弁護士会障害者等刑事問題検討協議会『障害者等刑事弁護マニュア

ル』(名簿の新規登録研修を受けた会員に無償配付されている。また、東京弁護士会の会員専用サイトからも見ることができる)
◎一般社団法人東京TSネット編『障害者弁護ビギナーズ』(現代人文社、2021年)
◎大阪弁護士会高齢者・障害者総合支援センター運営委員会障害者刑事弁護マニュアル作成プロジェクトチーム編著『障害者刑事弁護マニュアル』(現代人文社、2020年)
◎内田扶喜子・谷村慎介・原田和明・水藤昌彦著『罪を犯した知的障がいのある人の弁護と支援——司法と福祉の協働実践』(現代人文社、2011年)
◎大阪弁護士会編『知的障害者刑事弁護マニュアル——障害者の特性を理解した弁護活動のために』(Sプランニング、2006年)
◎大石剛一郎・谷村慎介・西村武彦著/内田扶喜子編『障害者弁護ガイドブック——先駆的実践と事例から学ぶ』(現代人文社、2012年)
◎堀江まゆみ・水藤昌彦監修/一般社団法人東京TSネット編著『更生支援計画をつくる——罪に問われた障害のある人への支援』(現代人文社、2016年)
◎姜文江・辻川圭乃編『自由を奪われた精神障害者のための弁護士実務——刑事・医療観察法から精神保健福祉法まで』(現代人文社、2017年)

15 外国人事件

1 特有の問題

　外国人の被疑者・被告人の刑事弁護も、その本質は日本人の場合と同じである。しかし、外国人の場合には特有の問題点があるので、その概略を簡単に挙げておく。
　日本人との根本的違いとしては、以下の2点を挙げることができよう。

1 コミュニケーションギャップ
　外国人の被疑者・被告人との意思疎通において言語および文化の違いが障害となる場合が多い。
　弁護人としては、言語の壁による被疑者の孤独感や動揺、コミュニケーションの困難に十分な配慮をし、言語の違いに対しては通訳人を確保し、文化の違いについては待ち時間に通訳人から情報を得たり、書物等から文化を知る努力をすることとなる。日本人の場合の何倍も信頼関係の確立は困難であると考え、接見の機会の確保、手紙による連絡、第一言語での挨拶などの工夫をするべきである。
　また、身体拘束中の外国人の被疑者・被告人は、このような障害に取り囲まれていることや、日本の刑事手続に関する知識・情報自体が少ないことから、動揺や不安を感じている場合が多く、弁護人の情報提供がよりいっそう重要なものとなる。

2 入管法上の問題
　外国人事件の場合には、出入国管理及び難民認定法（以下、「入管法」という）違反が被疑事実になっていなくても、国籍・在留資格の状況を把握し、入管法上の問題がないか常に注意し、手当てをする必要がある。近時では、毎年のように重要な改正がなされているので、最新の条文や法務省のホームページ等で確認をするのがよい。

2　接見前の事前準備

1　当番・被疑者国選における初回接見
(1)　通訳人の確保

　当番弁護士の場合には、担当部署（東京三弁護士会刑事弁護センター）からの連絡時に、国籍・使用言語を伝えられる。被疑者国選の場合には、配点時に、被疑者が外国人であることが国籍・言語欄からわかるので、通訳人を伴って接見に行く。

　当該被疑者に何語が適切なのかは、国籍のみからは判断できない。その国の「国語」や「公用語」が被疑者の第一言語（当事者が最もよく理解できる言語）であるとは限らない。中国語は、文法はほぼ同じだが、発音は地方によってまったくといってよいほど違いがあるし、パキスタンのような多言語国も多い。また、英語が話せる被疑者も多いが、英語がその人にとって、十分な意思表現のできる言語であるとは限らない。出動の連絡票に使用言語が記入されていても、念のため、接見前に、依頼の電話をしてきた関係者か、取調べにあたった捜査担当者に問合せをし、一度確認をしてもよい。

　また、当番の場合は、出動の連絡票に通訳人の氏名および連絡先が書いてある。通訳人も待機しているので、通訳人とは早めに連絡をとり、接見のための待合せ日時・場所を決める。その際、通訳人には、罪名等をあらかじめ教えておくのが親切である。特殊な用語等を確認するために、罪名等をあらかじめ知っておきたい通訳人も多い。

　通訳人を弁護人自身で探す必要がある場合には、法テラスや弁護士会（東京三弁護士会刑事弁護センター）に問い合わせて、登録している通訳人を紹介してもらう方法がある。法テラスに登録者がいないような少数言語については、大使館、外国語大学や各種NPO・NGOに問い合わせることが考えられる。

　なお、通訳人への依頼に際しては通訳の費用を確認し、事前に通訳人の了解をもらうことが必要である。通訳料については後記5（170頁）を参照のこと。

(2)　通訳人を直ちに確保できない場合

　以上の手段を講じても、通訳人の登録数が少ないために、通訳人の手配ができないことが稀に起こりうる。その場合には、とにかく一人で行ってみることである。片言の日本語ができる人も多いし、弁護士が来たことが伝わる

だけでもよい。

　また、『当番弁護士マニュアル』に外国人用アドバイスカードが用意されているので、被疑者の言語に対応する分を差し入れるようにする（同書「書式・資料編」には、ウルドゥ語、ベンガル語、シンハラ語、ルーマニア語など合計20カ国語以上の外国人被疑者向け差入れ文書〔アドバイスカード〕がある）。

　そのうえで、後日あらためて、通訳人を伴った十分な接見を行う。

2　当番・被疑者国選における初回接見以降および被告人国選における通訳人の確保

　国選弁護事件では、かつては法廷通訳人を接見時の通訳人として同行するのが原則とされていた。しかし、2006年10月以降、国選弁護事務を法テラスが行うようになってからは、国選弁護事件であっても、弁護人が自由に通訳人を選んで接見に行くことができるようになった。通訳人自身の承諾があれば、当番弁護時の通訳人にそのまま依頼することもできるし、法テラスや弁護士会に問合せをして、登録している通訳人を新たに紹介してもらうこともできる。法テラスに登録者がいないような少数言語については、大使館、外国語大学や各種NPO・NGOに問い合わせることが考えられる。

　また、すでに法廷通訳人が決定している場合には、裁判所に当該事件の法廷通訳人を教えてもらい、法廷通訳人に接見時から通訳をしてもらうこともできる。ただし、メリット・デメリットに留意すべきである。メリットとしては、接見時から通訳をしてもらうことで、弁護人と被告人との会話に慣れてもらい、被告人質問においてスムーズに通訳をしてもらうことが期待できる。デメリットとしては、被告人が法廷では話したくないが弁護人にのみ話したいことがある場合に自由に話すことができなくなってしまったり、接見時に話したことと違うことを法廷で言いたいと思ったときに通訳人を気にして言えなくなってしまったり、ということが考えられる。事案の性質に応じて、法廷通訳人に接見時の通訳を依頼するのがよいか考えるべきである。

③　接見

1　通訳人を伴う接見の留意点

　通訳人の住所・氏名・電話番号などを、通訳人の承諾なしに被疑者や関係者

に伝えることは厳禁である。通訳人には、弁護人の補助者としての通訳の役割に徹してもらうよう配慮するべきである。

なお、通訳人を伴って接見をする際、拘置所の場合、初回に申込書を記載して提出する必要がある。申込書は、拘置所にある。起訴後、法廷通訳人については、裁判所が通訳人証明書を作成して弁護人に交付している。

2 言語の確認

接見時には、まず被疑者自身に第一言語を確認する必要がある。

第一言語以外での会話は、弁護人との意思の疎通を妨げる。とくに被疑事実の詳細や、主観的状況などの微妙な内容を説明するためには、言語の障害は致命的な危険を生ずる。またそれだけではなく、第一言語以外での会話は、被疑者に大きな精神的負担と疲労を生ぜしめる。複数の言語を話すことができる場合であっても、第一言語を確認することが必要である。

3 通訳人を変える場合

通訳は被疑者が最も理解できる言語によるのが原則である。接見して第一言語でないこと、あるいは方言が異なってうまく伝わらないことが判明した場合は、別の通訳人を探すべきである。通訳の内容に比して被疑者と通訳人のやりとりが長い場合など、通訳からでは被疑者の真意が汲み取れないように思われるときは、通訳人に被疑者とのやりとりにつき再度確認し、逐一訳すように要望する。それでも通訳から被疑者の意図が汲み取れないような場合には、通訳能力に問題がある可能性も視野に入れ、別の通訳人を依頼することも検討すべきである。

また、捜査側の通訳人に接見の通訳を依頼することは絶対に避けなければならない。弁護人の役割が誤解され、十分な弁護ができなくなる危険性が高いからである。

4 被疑事実の確認

外国人被疑者の場合、逮捕状に訳文がついていないため、逮捕事実につき十分に知ることなく逮捕される場合もある。逮捕の際、通訳人はいたか、どの時点で通訳がなされたのか確認する必要がある。また、外国人を入管法違反で現行犯逮捕し、主として別件を取り調べるための別件逮捕が行われてい

ることもある。

　弁護人としては、外国人被疑者が自己の犯罪事実を正確に知らされ、理解しているかどうかを把握する必要がある。十分に理解していないと考えられる場合、外国人被疑者との接見を通じて、被疑事実を正確に知らせ、とくに別件勾留の可能性がある場合には、勾留請求の却下、勾留決定に対する準抗告、勾留延長請求の却下等を求める弁護活動を行う必要がある。

　また、国によって当該構成要件の有無、内容、法定刑（および宣告刑の幅）は当然異なっており、自己の被疑事実の内容や意味について正しく理解していないこともありうるので、この点に留意して実体法の説明もすべきである。

5　取調べ状況の確認

　取調べ段階において、暴行や偽計による取調べがなされていないか、利益誘導による自白誘導がなされていないかについて、十分に注意する必要がある。

　また、取調べにおける通訳の正確性、読み聞かせの有無など、通訳人をめぐる取調べ状況にも注意を要する。通訳人の通訳能力や刑事手続の理解不足による誤訳により、読み聞かせの内容と異なる調書にサインをしてしまい、後日争うことになる事例も多い。また客観的・中立的な通訳人の立場を越えて、通訳人自身が自白を誘導したりする事例もある。

　したがって弁護人としては、その点に注意のうえ、まずは被疑者自身に捜査機関側の通訳人が信頼できるか確認するとよい。

　弁護人としては、外国人が被疑者の事件については、通訳による誤りが入る可能性があること、被疑者が調書の内容を正確に把握することが困難であることに十分配慮し、取調べ対応としては黙秘を前提とすべきである。

　また、後から取調べ過程の検証ができるよう、取調べ全過程の可視化を申入れすることも重要である。

6　日本の刑事手続の説明

　裁判制度や弁護人制度についてよく説明して、弁護人が味方であることを理解してもらうことが第一である。被疑者の出身国の法制度によっては、弁護人という制度を容易に理解してもらうことができず、弁護人を国家権力側の機関であると誤解していることもありうる。また外国には、日本に比較し

て刑罰が非常に重く、残酷な国もある。重罰になるのではないかと恐れるあまり、不必要に自己防衛してしまう被疑者も多い。弁護人としては、量刑も含め早めに全体の見通しを説明したほうがよい。

また、起訴猶予の制度、起訴後の勾留や保釈制度、さらには執行猶予制度等について理解してもらうことも必要である。

7　弁護費用および受任内容の説明

当番弁護士の費用について、よく説明する。貨幣価値の差、弁護士制度の違いなどから、被疑者が誤解をもっていることがある。刑事被疑者弁護援助制度や国選弁護人制度の説明はとりわけ重要である。

また、受任する場合には、誤解の余地を残さないよう、その内容・受任範囲についてよく説明する。受任契約書には翻訳文をつけることが望ましいが、その場合、日本語が正文である旨明記する。

8　領事館通報依頼の有無

領事関係に関するウィーン条約36条1項(a)により、身体拘束された外国人には本国大使館・領事館と連絡する権利が保障されている。

しかし、被疑者が難民認定申請（希望）者である場合は、本国大使館等と対立関係にあることも多く、注意を要する。また、二重処罰を行う国もある。通報については、本人の置かれた立場や希望も確認のうえ、検討することが必要である。

領事の協力が得られる場合には、本国の家族等との連絡や通訳人の紹介など、力になってくれることもあるので積極的に利用するとよい。

9　家族への連絡

被疑者から、本国にいる家族への連絡を依頼されることも多い。家族との連絡や、その大使館・領事館への連絡をすることが、有益な弁護活動になることがある。

本国の家族から、嘆願書、今後の指導・監督についての供述書、卒業証明書、前科がないことの証明などを作成・入手して送付してもらうと、それを不起訴処分へ向けて交渉する際の資料として活用できる。仮に起訴までに入手が間に合わない場合であっても、起訴後の弁護活動で用いることができる。

被疑者の家族が接見や手紙のやりとりをすることは可能であるが、日本語ができない場合は通訳・翻訳を付することになる（刑事収容施設及び被収容者等の処遇に関する法律148条）。この場合の通訳・翻訳については「被収容者に費用を負担させることができる」とされており、費用負担をさせられる可能性があることに注意が必要である。

　また、家族との電話は通訳人に代わりにかけてもらうことになる場合も多いが、通訳費用や家族に伝える具体的内容について、あらかじめ本人および通訳人と決めておく必要がある。

10　宗教・文化と刑事収容施設

　外国人の被疑者から刑事収容施設についての不満を訴えられることも多い。宗教的理由や文化的相違による困難もあるので、文化の違いにも注意し、必要に応じて留置管理者への対応を考える。

　たとえばイスラム教徒の場合、豚肉が食べられない等の制限があって、従来食事が問題となることが多かった。最近は改善されているようだが、必要に応じて留置管理者と協議し、メニューを変更したり差入れを認めてもらうよう交渉することとなる（指定業者以外の食事の差入れをした例として、後記⑥〔173頁〕梓澤128頁参照）。

　また、留置管理者に対し、断食についての無用な悶着を避けるため事前に説明したり、宗教上の用具の差入れについて交渉を要することもある。これら食事・断食・宗教上の用具の問題は、イスラム教徒のほかにもユダヤ教徒やヒンズー教徒などでも生じうる。

11　入管法上の配慮

(1)　在留期間の確認

　外国人刑事事件において、在留資格と在留期限の確認は重要である。また、旅券の確認も必要である。有効な旅券を所持していないと、帰国の際、本国大使館に渡航証の発付を求める必要が生じるなどして、早期帰国の妨げになることもある。そのため、本国有効な旅券を所持しているか、その国名、有効期限、現在の旅券の所在等の確認もすべきである。

　勾留中であっても在留期間を経過すると、超過滞在者（オーバーステイ）として退去強制の対象となる（入管法24条4号ロ）。在留期間を経過してしまう

と、起訴猶予や保釈、執行猶予の判決を受けたとしても解放されず、（判決の際には法廷から）すぐに入国管理局の収容施設（東京であればほとんどは港区港南にある東京入国管理局内収容場）に収容されることになるため、在留期限が近い場合がとくに問題である。そこで、初回接見時に外国人被疑者の在留資格と在留期限を確認し、在留期間の満了間近の場合には、直ちに在留期間更新の申請手続をする必要がある。

　勾留中に在留期間更新許可申請を行っておけば、30日より長い在留期間を決定されている者は、審査期間中または在留期間満了時から2カ月経過する日のいずれか早い日までの間は、引き続き従前の在留資格をもって在留することができる（入管法21条4項、20条5項）。これにより、更新自体が不許可となっても、帰国準備など短期滞在または特定活動などの資格が認められ、退去強制は避けられる場合がある。

　これとは別に、旅券自体の有効期限が到来してしまうことがあるが、国によっては親族や知人によって旅券の更新手続を行うことができることもあるので、事案に応じて検討されたい。

　なお、受任範囲に在留期間更新手続が含まれていない場合であっても、被疑者の置かれた立場や在留期間更新手続等について説明し、助言を与えるべきであろう。

　在留期間の更新手続は、本人が入国管理局へ出頭して行うのが原則（入管法61条の9の3第1項3号、21条2項）である。しかし、疾病その他の事由により自ら出頭できないときは、親族または同居者もしくはこれに準ずる者で地方入国管理局長が適当と認める者が本人に代わって申請することができる（入管法61条の9の3第4項、入管法施行規則59条の6第3項2号）。これら親族等がいない場合でも、地方入国管理局長に申請取次の届出を行った弁護士、行政書士に依頼することも考えられる（入管法施行規則59条の6第3項1号）。この届出は、弁護士会を通して行うことができるので、あらかじめ行っておくとよい。

(2) 退去強制事由

　退去強制事由に該当しうる場合には、入管法上の退去強制手続等についても説明する必要がある。この際、被疑者が刑事手続と退去強制手続を混同しないよう注意すべきである。また、近時、重要な法改正が毎年のように行われているので、必ず最新の情報にあたるようにすべきである。

退去強制事由は、入管法24条に列挙されている。現に「日本人の配偶者等」の在留資格があっても、退去強制事由に該当する限り、在留期間内で退去強制されることがあるので注意すべきである。

　また、たとえば、薬物事件の「有罪の判決を受けた者」（入管法24条4号チ）とは、有罪判決の確定が必要とされているが、執行猶予期間が経過しても「受けた」事実には変わりがないと解されている。その他、たとえば、一般事件で無期または1年を超える「懲役若しくは禁固に処せられた者」（入管法24条4号リ。執行猶予の判決を受けた者は除外されている）などの「刑に処せられた者」という文言についても、実務の解釈は判決の確定を必要としている。旅券法上の刑罰法令違反者（入管法24条4号ニ）や入管法上の刑罰法令違反者（入管法24条4号ホ）の「刑に処せられた者」なども同様に、刑の言渡しを受け、これが確定したことと解されている。このように刑事裁判と関係するものは、入管法24条4号ニないしリ、同条4号の2ないし同条4号の4である。

　これに対し、その他の退去強制事由は、裁判とは無関係に、入管の事実認定によるため、実務上は、判決の確定を待たず有罪（執行猶予を含む）判決時に、法廷に入国警備官が来て収容されることがあるので注意すべきである。

⑶　在留特別許可

　退去強制手続の中で在留特別許可が得られる場合がある。これは、永住権がある場合や、日本人の配偶者がいるなど特別な事情がある場合に、法務大臣が裁量により特別に在留を許可するものである（入管法50条1項）。事案によっては在留特別許可が得られないか検討することになる。

　在留特別許可については、法務省入国管理局のホームページで「在留特別許可に係るガイドライン」が公表されているので、参考にされたい。

４　事件の見極め

　退去強制を免れない外国人被疑者の場合には、できるだけ早い帰国を願うことが多い。執行猶予が見込まれ、被疑者の早期帰国が目標となる場合など、取調べに応じたほうが勾留延長を避けられるなど、有利なこともありうる。即決裁判の活用も検討すべきである。

1　不起訴処分が見込まれる場合

⑴　検察官送致の回避

　検察官送致の前であれば、送致をさせないことを警察官と交渉し（入管法65条参照）、送致された場合でも、早急に検察官と勾留請求をしないよう交渉する。逮捕後、勾留されることなく入管に収容されるケースもあるので、注意が必要である。

⑵　入管上の配慮

　不起訴処分になっても、不法入国やオーバーステイなど入管法70条違反の被疑者の場合は、検察官は、釈放と同時に被疑者を入国警備官に引き渡すことになる（入管法64条）。

　早期帰国を実現するためには、出国費用を現金またはオープンチケットで用意しておく必要がある。被疑者が所持していない場合には、費用を出してくれる人の連絡先を聞いて援助の要請等をする。知人や本国への送金依頼によっても出国費用が用意できない場合には、国費による送還まで長期間収容されることとなる。

　被疑者の荷物についても、入管に差し入れられるよう手配してくれる人を見つけて要請する。また事案によっては出国準備目的の仮放免を得られる場合があるので、必要に応じて入国管理局に仮放免許可申請をすることとなる。

2　起訴処分がなされた場合

⑴　公判手続についての説明

　あらためて起訴後の手続について十分に説明する。繰り返しになるが、制度・文化の違いがあるので、弁護人が被告人の味方であることを理解していない場合もあるから、味方であることも折に触れてよく説明する。国選弁護人は公務員であると考え、中立性を疑っていることもしばしばある。刑事手続の流れとともに、有利・不利な情状とされるものについても説明する。執行猶予制度や、否認が事実上不利益な情状資料とされていることなども、説明が必要な場合もある。

　かつては起訴状も日本語のものが送達されるだけだったが、現在は日本語の起訴状が送達され、その後、要約された翻訳文が送付されるのが一般的である。しかし、どの程度の要約がなされているか明らかではなく、被告人が翻訳文を読んで公訴事実を理解できるとは限らない。したがって、弁護人は、

公訴事実の内容を丁寧に説明し、事実関係を確認する必要がある。
　また、上述のとおり、同じ犯罪でも国によって犯罪の構成要件や法定刑がまったく異なることがあるので、日本における当該犯罪の構成要件・法定刑についても十分に説明する必要がある。
　通訳人が被告人と同国人である場合、社会制度や裁判制度、言葉の用い方などを通訳人に種々聞き理解を深めておくと、被告人とのコミュニケーションにも役立つであろう。
(2)　調書作成の際の言語等
　調書を検討する際、言葉のニュアンス、用い方が問題となる場合もあるので、これらの点にも留意する。
　また、取調べにおいて、弁護人選任権や黙秘権の告知等がなされているか否かにも留意する。誤訳・訳し落とし等がある場合には、もはや「被告人の供述を録取した書面」(刑訴法322条1項)とは呼べないものであるから、不同意とすべきである。
(3)　家族や大使館等との連絡
　大使館については、捜査段階と同様、自国民保護に熱心な国の領事館もあることから、通訳人などの協力を得られることがある。
　また、家族を情状証人として海外から呼ぶことは事実上困難な場合が多いが、重大犯罪の場合は説得して出廷してもらうなど、努力を怠ってはならない。スカイプなどで家族の映像を録画し、証拠化する方法もある。その他、捜査段階と同様、家族から嘆願書や写真等を送ってもらったり、日本にいる友人や雇用主、大学関係者に証人になってもらうなど、情状立証における工夫が必要であろう。
(4)　翻訳の依頼
　裁判所に対して外国人の家族からの手紙などの外国語の文書を提出する場合には、翻訳文を提出しなければならない。
　その場合、法テラスでは通訳を依頼したことがある通訳人に翻訳を依頼した場合に翻訳料を支払う運用がなされている。要件があるので事前に確認されたい。翻訳費用の目安は、翻訳後の文書A4判1枚あたり2,000円(税込)程度である。この基準では翻訳者の了解を得られない場合には、基準を著しく超えない限り、法テラスの承認を得て支払うことになろう。翻訳費用は、接見通訳費用と同様に、弁護人が翻訳者に支給し、それを後日法テラスに請求

して弁護士報酬として支払いを受ける。詳しくは、あらかじめ法テラスに相談されたい(**資料3**〔198頁〕参照)。

また、被告人のために調書等を翻訳して差し入れる必要が生じる場合もありうるが、その場合も同様である。

(5) 保釈

オーバーステイや不法在留など在留資格のない被告人の場合、保釈されると退去強制手続により被告人の公判出頭が不可能になる場合があることから、裁判所においては基本的に保釈を認めない運用がなされている。

オーバーステイや不法在留の場合、現時点において保釈は容易でないが、仮放免が認められる見込みであることを弁護人が示し、保釈が許可された事例がある(後記6『続外国人の法律相談Q&A事例編』185頁)。そのため、弁護人としては、保釈請求に際して、入管に仮放免の請求(入管法54条1項)を行うことが考えられるが、仮放免においても、一定額の保証金を納付する必要がある点(同条2項)に留意すべきである。

(6) 公判手続

外国人事件の場合、通訳を要する分だけ時間が通常事件の2倍ほどかかる。被告人質問等の時間についても、この点を念頭に入れておく必要がある。また、十分な通訳を受けるため、弁論要旨もあらかじめその写しを法廷通訳人に渡しておくことを求められているので、法廷通訳人にどの程度の時間の余裕をもって渡せばよいか事前に確認し、法廷通訳人が十分な準備の時間を確保できるよう配慮する必要がある。

なお、公判中、どのような手続をしているかについての通訳をしない裁判所がある。異議やそれについての検察官の意見など、放置すればほとんど通訳されずに終わることもある。その場合には、今、何をしているかについて、通訳するよう裁判所に求める。

公判時に通訳内容をチェックするためのチェックインタプリター(通訳内容をチェックするための通訳人)を付することも検討する。裁判所にチェックインタプリターを付するよう交渉したり、弁護側で用意してその費用を支給するよう事前に法テラスに交渉することが考えられる。支給されないとしても、事案によってはこれを用意することが必要となってくる場合もある。

5 通訳料について

 通訳人への連絡や依頼に際しては、通訳の費用を確認したり、事前に通訳人の了解をもらうことが必要である。

 通訳料の算定は、以下の基準になっている。通訳料の基準は、随時変更される可能性があるため、適宜、最新の『当番弁護士マニュアル』や法テラスの基準(法テラスのホームページにも掲載されている)を確認されたい。

1 当番弁護の接見の結果、受任に至らない場合

 接見の結果受任に至らない場合は、所属弁護士会が負担する。「請求書」に所定の事項を記入し、通訳人の確認を経たうえで通訳人の署名をもらい、弁護士署名欄に署名したうえで、弁護士が接見報告書と請求書とを所属弁護士会にファクス送信する。所属弁護士会は、後日、所得税等の源泉徴収後の金額を通訳人の指定口座に振り込む(消費税別)。

基本料金*	最初の1時間15,000円	1日の支払い限度額は25,000円
延長料金	15分増すごとに2,500円(15分未満は切捨て)	
空振り日当	接見場所に行ったが接見が実施されなかった場合は日当として5,000円	
待機手当**	20分を超えたときに、超えた時間につき20分ごとに1,000円(4,000円を上限とする)	
交通費	実費を支給(1回あたり3,000円を上限とする)	
翻訳料	翻訳対象の書面A4判1枚(1,000字程度を目安とする)につき4,500円(50,000円を上限とする)	

 * 基本料金の対象となる「通訳時間」は、実際に通訳を行った時間(接見であれば接見の開始から終了までの時間)であり、待機時間を含まない。
 ** 待機手当の対象となる「待機時間」は、待合せ時刻と通訳人の到着時刻との遅いほうから接見開始までの時間。

2 援助制度を利用して受任した場合

 援助制度を利用して私選弁護人として受任した場合は、初回より援助制度で支出される(全体の支払い限度額10万円。交通費・翻訳料は別途請求可)。

 1と同様に、通訳人と弁護士の連署により請求書を作成するが、接見ごとに請求書を作成する必要がある。弁護士は法律援助終結報告書とともに、請

求書のすべてを法律援助事務センターに提出する。法律援助事務センターは、後日、総額を通訳人の指定口座に振り込む(消費税込み)。

【被疑者(または少年)本人との接見】

基本料金*	最初の1時間15,300円
延長料金	15分増すごとに2,550円(15分未満は切捨て)
空振り日当	接見場所に行ったが接見が実施されなかった場合は日当として5,100円
待機手当**	20分を超えたときに、超えた時間につき20分ごとに1,020円(4,080円を上限とする)
交通費	実費を支給(1回あたり3,000円を上限とする)
翻訳料	翻訳対象の文書A4判1枚(1,000字程度を目安とする)につき4,950円(50,000円を上限とする)

* 基本料金の対象となる「通訳時間」は、実際に通訳を行った時間(接見であれば接見の開始から終了までの時間)であり、待機時間を含まない。
** 待機手当の対象となる「待機時間」は、待合せ時刻と通訳人の到着時刻との遅いほうから接見開始までの時間。
注1)援助制度を利用して受任した場合、初回の接見時よりこの基準が適用される。
注2)私選で受任の場合、初回の接見・面会を含め、通訳料等はすべて被疑者の負担となるので説明に誤りがないよう注意する。

【被疑者(または少年)の家族その他関係者との電話および面談の際の通訳費用】

基本料金*	最初の10分2,550円
延長料金	1時間以内10分増すごとに2,550円(10分未満は切捨て)
	1時間超15分増すごとに2,550円(15分未満は切捨て)
交通費	実費を支給(1回あたり3,000円を上限とする)
翻訳料	翻訳対象の文書A4判1枚(1,000字程度を目安とする)につき4,950円(50,000円を上限とする)

* 基本料金の対象となる「通訳時間」は、実際に通訳を行った時間(接見であれば接見の開始から終了までの時間)であり、待機時間を含まない。
注1)報酬支払の対象となる面談・通話は弁護士が行うものを指し、通訳人のみが行ったものは含まれない。
注2)私選で受任の場合、初回の接見・面会を含め、通訳料等はすべて被疑者の負担となるので説明に誤りがないよう注意する。
注3)被疑者・少年の家族、その他関係者との電話および面談の場合、空振り日当や待機手当は支払い対象とはならない。したがって、被疑者・少年の家族、その他関係者が遅刻したり、面談場所に現れないなどにより面談が実施されなかった場合でも、通訳人の空振り日当や待機日当は援助制度からは支出されないことに注意する。

3 通常の私選弁護人として受任した場合

通訳料・交通費・日当等は、全額被疑者の負担になる。通訳人と被疑者が直

接契約を行う場合もある。なお、弁護士が通訳料・日当等を支払う場合には、当該通訳料・日当等の源泉徴収をする必要がある。

4 被疑者国選制度を利用し、または被告人国選により国選弁護人に選任された場合

選任後に発生する接見時等の通訳料については、法テラスの定める基準が適用される（**資料3**〔198頁〕参照）。

【通訳料基準の概要】（金額はいずれも消費税込み）

費　目		基　準(*1)	
通訳料	基本料金	1日の通訳時間（実際に通訳を行った時間。待機時間を含まない）の合計が30分以内の場合(*2)	8,380円
	延長料金	1日の通訳時間の合計が30分を超える分について、その超過分が**10分に達するごとに**（10分未満は切捨）	1,047円
待機手当		1日の待機時間（通訳予定場所に到着した時刻、同場所における契約弁護士との待ち合わせ時刻のうち、いずれか遅い時刻から、通訳を開始するまで〔通訳が実施されなかった場合は不実施が確定したときまで〕の時間）の合計が**20分に達するごとに**（20分未満は切捨て）	1,047円（上限 4,188円）
交通費		公共交通機関を利用した場合に算定される金額(*3)を上限とする実費(*4)(*5)	
遠距離移動手当		通訳のための移動が遠距離（往復100km以上）にわたる場合(*5)	4,190円
振込・書留手数料		通訳人に振込・書留により支払った場合、振込・書留に要した手数料の実費	

*1 本基準は令和元年10月1日以後の国選弁護人等の活動に通訳人を要した場合に適用し、その余の場合については改正前の基準が適用されます。
*2 同一事件に関し、同一日に複数回の通訳を行った場合、基本料金の支給は1回のみです。
*3 公共交通機関（タクシーは含みません）を利用して最も経済的な通常の経路及び方法により移動した場合の金額を指します。
*4 特急料金及び座席指定料金は、特急券の有効区間が片道100km以上の場合、急行料金は、急行券の有効区間が片道50km以上の場合のみ支給します。なお、グリーン料金は支給されません。
*5 複数の事件について同一の移動機会に通訳をした場合は、交通費及び遠距離移動手当については、事件の件数に応じて按分します。

通訳費用は、弁護人が通訳人に対し、立替払いする。立て替えた通訳費用は、後日、弁護人自身の報酬等と一緒に、国選弁護人の指定口座に振り込まれる（通訳人費用が10万円を超えるとき、および選任から6カ月が経過したときは、中間払いも可能である。また、通訳人からの請求段階〔支払いは未了〕でも算定できる）。

なお、被告人国選弁護において、公判廷での通訳費用（法廷通訳費用）は、

裁判所から支出される。

　源泉徴収義務を負う場合の手続の詳細は最寄りの税務署に問合せされたい。国税庁のホームページでも「源泉徴収のしかた」を確認することができる。

6　参考文献

◎大木和弘・金竜介・児玉晃一・関聡介著『外国人刑事弁護マニュアル〔改訂第3版〕』(現代人文社、2014年)
◎外国人ローヤリングネットワーク編『外国人事件ビギナーズver.2』(現代人文社、2020年)
◎第一東京弁護士会人権擁護委員会国際人権部門編『外国人の法律相談Q&A〔第3次改訂版〕』(ぎょうせい、2016年)
◎東京弁護士会外国人の権利に関する委員会編『実務家のための入管法入門〔改訂第2版〕』(現代人文社、2009年)
◎入管実務研究会『入管実務マニュアル〔改訂第2版〕』(現代人文社、2007年)
◎梓澤和幸「外国人の刑事事件」東京弁護士会『弁護士研修講座平成5年度講義録』

16 即決裁判

① 制度の概要

即決裁判手続は、明白かつ軽微な争いのない事件について、手続の合理化・効率化を図るべく、公訴提起後、できる限り14日以内に公判期日を開き、簡略な手続による証拠調べを行ったうえ、原則として即日判決を言い渡すこととされている、簡易かつ迅速な刑事手続である（刑訴法350条の16以下、刑訴規則222条の11以下）。

1 手続全体の概略
資料4（200頁）を参照。

2 即決裁判手続の対象となる事件
⑴ 法律上の規定
検察官は、公訴を提起しようとする事件について次の4つの要件を充たす場合、即決裁判手続の申立てをすることができる（刑訴法350条の16）。
① 事案が明白であり、かつ軽微であること、証拠調べが速やかに終わると見込まれることその他の事情から、即決裁判手続によることが相当であること（同条1項本文）
② 死刑または無期もしくは短期1年以上の懲役もしくは禁錮にあたる事件でないこと（同条1項ただし書）
③ 即決裁判手続によることについて被疑者の同意があること（同条2項）
④ 被疑者に弁護人があるときは、弁護人の書面による同意があるか、少なくとも意見を留保していること（同条4項・5項）

「その他の事情」としては、たとえば、前科・前歴、被害者の処罰感情など、犯情以外のいわゆる一般情状に関する事情などが考えられる。
実際には、覚せい剤自己使用などの軽微な薬物事犯や、オーバーステイなどの入管法違反事件、道路交通法違反事件、万引き等の窃盗事件が多くを占めており、従来から定型的に執行猶予付きの量刑判断が行われてきた事件が

対象となっている。

(2) 弁護士からの促し

　自身が担当している事件が上記の即決裁判手続の対象となる場合には、あらかじめ（勾留満期日の3〜4日前）担当の検察官に連絡し、「起訴する場合には、即決裁判手続の申立てをしてほしい」旨を伝えることも有効である。起訴から14日以内に公判が開かれ、1回結審で執行猶予判決が言い渡されるため、身柄事件であれば早期に身体拘束からの解放が実現できるからである。検察官が即決裁判手続の申立てをする場合には、起訴の前に、弁護人に宛てて「即決裁判手続に対する意見書」を送付してくる。弁護人は、同意見書を検察官に提出する。

　なお、外国人事件の場合には、検察官から、「裁判所が、起訴から14日以内では通訳人が見つからないから、即決裁判は不適当だと言っている」などという理由で、即決裁判手続に消極の意見が述べられることがあるが、弁護人としては、被告人の身体拘束からの早期解放のため、粘り強く検察官に働きかける必要がある。

3　即決裁判手続の特色

　公訴提起後できる限り14日以内に公判期日が開かれること（刑訴規則222条の18）、証拠調べが簡略な手続で行われること（刑訴法350条の24）、即日判決を言い渡すことが予定されていること（刑訴法350条の28）のほか、以下のように、一定の科刑制限および上訴制限が設けられている。他方で、2016（平成28）年の刑事訴訟法改正により、再起訴制限が緩和された。

(1) 自由刑に対する科刑制限

　懲役または禁錮の言渡しをする場合には、その刑の執行猶予の言渡しをしなければならない（刑訴法350条の29）。

　なお、審理を通じた被告人の情状などから、裁判所が実刑判決を下すべきと判断した場合、裁判所は、即決裁判手続によって審判する旨の決定を取り消し（刑訴法350条の25第1項4号）、通常手続に移行したうえで、実刑判決を下す場合もありうるので、被告人に対し、「即決裁判だから必ず執行猶予になる」と安易に説明することは間違いである。被告人に対しては、「即決裁判手続が取り消されないまま判決の言渡しとなる場合に限って、執行猶予になる」と説明すべきである。

⑵　事実誤認に関する上訴制限

　法令違反、量刑不当等を理由とする上訴は許されるが、事実誤認を理由とする上訴は許されない（刑訴法403条の2第1項。ただし、再審事由があることを理由とする控訴の申立ては、罪となるべき事実の誤認を主張するものであっても許される）。

⑶　再起訴制限の緩和

　被告人が否認に転じるなどしたため即決裁判手続の申立てを却下する決定があった事件について、当該決定後、証拠調べが行われることなく公訴が取り消された場合において、公訴の取消しによる公訴棄却の決定が確定したときは、同一事件についてさらに公訴を提起することができることとされた（2016〔平成28〕年12月から施行）。これにより即決裁判手続の申立てが増加するかどうかは、今後の実務運用を注視する必要がある。

②　留意点

1　被告人段階は必要的弁護

　前述のとおり、即決裁判手続においては、証拠調べの手続が簡略化され、判決に対する上訴が制限されるなどしていることから、被告人の権利保護のため、必要的弁護とされた（刑訴法350条の18、350条の23、刑訴規則222条の17第3項）。

2　第1回公判期日

　刑訴規則により、原則として起訴後14日以内に第1回公判期日が入る（刑訴規則222条の18）。東京地裁（本庁）では、起訴後14日目に機械的に第1回期日を指定する運用となっている。

　即決裁判手続の申立てがあると、裁判所は被告人に対して、私選弁護人を選任するかどうかの照会を行う（刑訴規則222条の16、222条の17第1項、同条2項）。その回答に3～4日を要するのが一般のようで、弁護人の持ち時間は10日前後から、それ以下となる。改善を検討中である。

3　スケジュール管理

　即決裁判手続の担当弁護士となったら、その期日の前2週間は、即決裁判

求書のすべてを法律援助事務センターに提出する。法律援助事務センターは、後日、総額を通訳人の指定口座に振り込む（消費税込み）。

【被疑者（または少年）本人との接見】

基本料金*	最初の1時間15,300円
延長料金	15分増すごとに2,550円（15分未満は切捨て）
空振り日当	接見場所に行ったが接見が実施されなかった場合は日当として5,100円
待機手当**	20分を超えたときに、超えた時間につき20分ごとに1,020円（4,080円を上限とする）
交通費	実費を支給（1回あたり3,000円を上限とする）
翻訳料	翻訳対象の文書A4判1枚（1,000字程度を目安とする）につき4,950円（50,000円を上限とする）

*　基本料金の対象となる「通訳時間」は、実際に通訳を行った時間（接見であれば接見の開始から終了までの時間）であり、待機時間を含まない。
**　待機手当の対象となる「待機時間」は、待合せ時刻と通訳人の到着時刻との遅いほうから接見開始までの時間。
注1）援助制度を利用して受任した場合、初回の接見時よりこの基準が適用される。
注2）私選で受任の場合、初回の接見・面会を含め、通訳等はすべて被疑者の負担となるので説明に誤りがないよう注意する。

【被疑者（または少年）の家族その他関係者との電話および面談の際の通訳費用】

基本料金*	最初の10分2,550円
延長料金	1時間以内10分増すごとに2,550円（10分未満は切捨て）
	1時間超15分増すごとに2,550円（15分未満は切捨て）
交通費	実費を支給（1回あたり3,000円を上限とする）
翻訳料	翻訳対象の文書A4判1枚（1,000字程度を目安とする）につき4,950円（50,000円を上限とする）

*　基本料金の対象となる「通訳時間」は、実際に通訳を行った時間（接見であれば接見の開始から終了までの時間）であり、待機時間を含まない。
注1）報酬支払の対象となる面談・通話は弁護士が行うものを指し、通訳人のみが行ったものは含まれない。
注2）私選で受任の場合、初回の接見・面会を含め、翻訳料等はすべて被疑者の負担となるので説明に誤りがないよう注意する。
注3）被疑者・少年の家族、その他関係者との電話および面談の場合、空振り日当や待機手当は支払い対象とはならない。したがって、被疑者・少年の家族、その他関係者が遅刻したり、面談場所に現れないなどにより面談が実施されなかった場合でも、通訳人の空振り日当や待機日当は援助制度からは支出されないことに注意する。

3　通常の私選弁護人として受任した場合

通訳料・交通費・日当等は、全額被疑者の負担になる。通訳人と被疑者が直

接契約を行う場合もある。なお、弁護士が通訳料・日当等を支払う場合には、当該通訳料・日当等の源泉徴収をする必要がある。

4 被疑者国選制度を利用し、または被告人国選により国選弁護人に選任された場合

選任後に発生する接見時等の通訳料については、法テラスの定める基準が適用される（**資料3**〔198頁〕参照）。

【通訳料基準の概要】（金額はいずれも消費税込み）

費目		基準(*1)	
通訳料	基本料金	1日の通訳時間（実際に通訳を行った時間。待機時間を含まない）の合計が30分以内の場合(*2)	8,380円
	延長料金	1日の通訳時間の合計が30分を超える分について、その超過分が10分に達するごとに（10分未満は切捨て）	1,047円
待機手当		1日の待機時間（通訳予定場所に到着した時刻、同場所における契約弁護士との待ち合わせ時刻のうち、いずれか遅い時刻から、通訳を開始するまで〔通訳が実施されなかった場合は不実施が確定したときまで〕の時間）の合計が20分に達するごとに（20分未満は切捨て）	1,047円（上限4,188円）
交通費		公共交通機関を利用した場合に算定される金額(*3)を上限とする実費(*4)(*5)	
遠距離移動手当		通訳のための移動が遠距離（往復100km以上）にわたる場合(*5)	4,190円
振込・書留手数料		通訳人に振込・書留により支払った場合、振込・書留に要した手数料の実費	

*1 本基準は令和元年10月1日以後の国選弁護人等の活動に通訳人を要した場合に適用し、その余の場合については改正前の基準が適用されます。
*2 同一事件に関し、同一日に複数回の通訳を行った場合、基本料金の支給は1回のみです。
*3 公共交通機関（タクシーは含みません）を利用して最も経済的な通常の経路及び方法により移動した場合の金額を指します。
*4 特急料金及び座席指定料金は、特急券の有効区間が片道100km以上の場合、急行料金は、急行券の有効区間が片道50km以上の場合のみ支給します。なお、グリーン料金は支給されません。
*5 複数の事件について同一の移動機会に通訳をした場合は、交通費及び遠距離移動手当については、事件の件数に応じて按分します。

　通訳費用は、弁護人が通訳人に対し、立替払いする。立て替えた通訳費用は、後日、弁護人自身の報酬等と一緒に、国選弁護人の指定口座に振り込まれる（通訳人費用が10万円を超えるとき、および選任から6カ月が経過したときは、中間払いも可能である。また、通訳人からの請求段階〔支払いは未了〕でも算定できる）。
　なお、被告人国選弁護において、公判廷での通訳費用（法廷通訳費用）は、

手続の準備のため、接見、記録閲覧、事件関係者との面談のための時間を考えたスケジュール管理が求められる。

3 指名打診の方法

1 法テラス東京の場合

　法テラス東京では、即決裁判手続の国選弁護人指名について、当初期日指定方式のみを採用していたが、現在では自由選択方式と併用されている。

　運用開始当初は、東京地裁本庁の即決裁判手続の被告人国選について、法テラス東京が、即決裁判専用の待機名簿を作成して公判期日の担当弁護士を決めておき、当該期日に指定された事件について、担当弁護士を国選弁護人として指名通知する方式がとられていた。しかし、この運用による不都合が生じたため、運用が次のとおり改善された。

　まず、即決裁判手続の被告人国選事件も、被告人国選事件指名打診通知で指定された時間に法テラスへ赴いた弁護士が自由に選択できるようにし、公判期日の1週間前までに弁護人が決まらない事件について、あらかじめ期日指定方式によって指定期日に待機しているはずの者に指名打診をすることになる。公判期日の1週間前の時点で、待機している者に配点すべき事件がない場合には、法テラスからその旨連絡があり、待機を解除される。

　期日指定方式により指名打診を受けた弁護士は、原則的に指名打診に応諾しなければならない。事案が軽微で明白な事件であるから、受容すべきである。

2 法テラス多摩の場合

　法テラス多摩は、一般の国選弁護事件と同様の期日指定方式を採用している。東京地裁立川支部の即決裁判手続の被告人国選について、法テラス多摩は即決裁判専用の待機名簿を作成しない。一般被告人国選単独事件の待機名簿を利用し、待機弁護士のうち即決裁判手続を担当する旨承諾した者には、その旨を表示しておく。

　東京地裁立川支部は、即決裁判の申立てがあった事件について、法テラス多摩に対して、公判期日を指定して国選弁護人候補者の指名通知を依頼する。法テラス多摩は、当該公判期日の待機弁護士のうち即決裁判の表示がある弁

護士のなかから指名打診する。なお、即決裁判被告人国選については、一度に１件のみ受任する方式と、一度に複数件を受任する方式の２つが認められている。

4　具体的な手続の流れ

1　接見

　即決裁判手続の制度概要および法的効果（必要的執行猶予、上訴制限など）を十分に被告人に対して説明し、弁護人として即決裁判によることに同意できるか否かを検討するためには、被告人と接見することが不可欠である。

　事案の軽微性、明白性、証拠関係なども確認し、即決裁判手続に適した事件かを検証する。

　自白事件が前提であるが、真意に基づく自白か、公訴事実の細かな部分までの自白かなどは必ず確認する。これは、捜査官が、即決裁判手続制度を利用して自白を強要する危険性があると指摘されているからである。とくに、自由刑に対する科刑制限（必要的執行猶予）の導入によって、本来、被告人が通常手続において争うべき事案において、「執行猶予になるのだから自白したらどうか」などという取調べ方法が現在より広がることが危惧されることから、たとえ被告人が即決裁判手続によることの同意をしている場合であっても、弁護人は、それが被告人の真意から出たものかどうか十分に吟味する責任がある。事実誤認を理由とする控訴はできないため（刑訴法403条の２第１項）、事実に争いがあった場合、当該事実を争う手段が断たれてしまう。

　情状証人や身元引受人の候補として、家族等の連絡先を聞いておくことも忘れてはならない。

2　記録の閲覧・謄写

　即決事件は、厳選証拠主義で、記録は薄く、全記録が証拠請求される。起訴直後から証拠閲覧が可能とする運用である。即決事件でも、必要があれば記録謄写をする。

3　同意手続

　裁判所は、弁護人に対し、できる限り速やかに、即決裁判手続によること

について同意するかどうかの確認を求めなければならない（刑訴法350条の20）。法律上、同意は書面で行うことになっている。弁護人の同意は、この手続の中で重要な意味がある。上訴制限など被告人に不利益な側面もあるから、弁護人の同意は厳格に確認されなければならない。

4　即決裁判手続における公判

(1)　即決裁判の公判の概要

裁判官は、被告人が有罪である旨の陳述をしたときに、即決裁判手続で審判する旨の決定をする（刑訴法350条の22、刑訴規則222条の14第1項）。

即決裁判手続では、冒頭陳述は省略される（刑訴法350条の24第1項）。伝聞法則も排除されるので、伝聞証拠について弁護人が同意しなくても証拠採用することができる（刑訴法350条の27）。そのため、争いのない証拠に対しては、「同意する」ではなく、「異議がない」旨の意見を述べることになる。

審理は即日結審し、即日判決が原則である（刑訴法350条の28）。懲役・禁錮の自由刑を言い渡すときは、執行猶予を付けなければならない（刑訴法350条の29）。

(2)　即決裁判における情状弁護

即決裁判手続においては、時間的制約（公判時間は30分である）に加え、自由刑に対する科刑制限（必要的執行猶予）があることから、情状弁護（とくに情状証人や被告人質問）の要否・あり方をめぐり、さまざまな考え方がある。

不要論は、犯行後の情状（真摯な反省）や将来の更生に資する事実（再犯のおそれがない、生活環境の改善、身元の引受け等）を情状弁護で明らかにしてしまうと、被告人が後日、再犯に及んだ場合、むしろ「オオカミ少年」として悪事情に扱われることになりかねないことなどを根拠とする。

これに対し、必要論は、犯罪の軽重にかかわらず、情状証人の存在や被告人質問は、犯行原因および犯行結果を真摯に被告人に自覚させる重要な手段であり、被告人の再犯を防止し更生させるために不可欠であることなどを根拠とする。

即決裁判手続において情状弁護を行うかどうかは、各弁護人の判断に委ねるほかはないが、被告人の情状を理由に即決裁判手続が取り消されるおそれもあり（刑訴法350条の25第1項4号）、情状証人や被告人質問といった情状弁護活動は即決裁判手続においても不可欠であると考える。

仮に、不要論に立つ弁護人であっても、再犯防止のために通常手続と同程度かそれ以上の充実した(公判前)活動が求められることは当然である。

なお、情状弁護の内容に関して、通常手続と同程度の情状弁護は、即決裁判手続に対する時間的制約上困難であり、被告人の具体的情状に応じて、情状証人か被告人質問の一方の省略や、弁護人の弁論も1～2分程度で終えるなどの臨機応変の工夫が弁護人に求められるであろう。

(3) 検察官の求刑意見

即決裁判手続において、検察官は、「求刑懲役○年、ただし以下の事情に鑑み、今回に限り執行猶予を付するのが相当である」と求刑している。

(4) 弁護人の弁論

即決裁判手続では、執行猶予は当然なので、執行猶予の中身に言及する弁論を行うことが考えられる。たとえば、求刑の懲役期間を削るための弁論、執行猶予期間を短縮させるための弁論、保護観察が付かないようにするための弁論などが考えられる。

(5) 控訴事由の制限

法令違反、量刑不当等を理由とする上訴は許されるが、事実誤認を理由とする上訴は許されないので注意を要する(刑訴法403条の2第1項。ただし、再審事由があることを理由とする控訴の申立ては、罪となるべき事実の誤認を主張するものであっても許される)。

(6) 報酬

法テラスにおける即決裁判手続の公判弁護活動の報酬額は、即日判決であれば5万円(定額)となっている。報告書に記載すべき事項は少ない。

17 上訴

1 上訴とは

　上訴とは、未確定の裁判に対して、上級裁判所に司法救済を求める不服申立制度である。上訴の種類には、控訴・上告・抗告がある。

1　上訴の申立て

　上訴するには申立書を原審の裁判所に差し出さなければならない（刑訴法374条、414条、423条）。上訴の提起は、裁判が告知された日からすることができる（刑訴法358条。ただし、上訴期間の計算については裁判の告知日は算入しない〔刑訴法55条〕）。控訴・上告の期間は14日間である（刑訴法373条、414条）。

　東京地裁で有罪判決を言い渡された事件について控訴するときは、判決日の翌日から数えて14日以内に、東京高裁宛ての控訴申立書を、東京地裁に提出しなければならない。提出場所は、裁判所庁舎11階の地裁事件受付である。

　在監被告人の場合、上訴申立書をその期間内に刑事施設の長または代理者に差し出せば足り（刑訴法366条1項）、また、刑事施設の職員等に申立書を代書してもらうこともできる（同条2項）。

　原審弁護人は、被告人およびその関係者に対し、上訴期間の徒過によって上訴権を失うことのないように十分助言することを要する。また、上訴の依頼を受けた場合には、絶対にこれを徒過してはならない。

　なお、上訴の提起期間中の未決勾留日数は、上訴申立後の未決勾留日数を除き全日数が本刑に通算される（刑訴法495条1項）。検察官が上訴したときおよび被告人側が上訴して原判決が破棄されたときは、上訴申立て後の未決勾留日数は全部本刑に通算される（同条2項）。

2　上訴の放棄

　上訴の放棄は、被告人、検察官ができる（刑訴法359条）。被告人の法定代理人、保佐人なども被告人の書面による同意を得てすることができる（刑訴法

360条）。原審の弁護人については明文はないが、同様に被告人の書面による同意があればできると解されている。

　上訴の放棄は、死刑・無期懲役・無期禁錮の判決についてはできない（刑訴法360条の２）。上訴の放棄の期間は、裁判の告知後上訴申立てないし上訴期間満了までである。申立ての方式は、書面（刑訴法360条の３）を原審の裁判所に差し出すことによる（刑訴規則223条）。

　被告人側および検察官が上訴の放棄をすると裁判が確定する。

　上訴の放棄をすると、さらに上訴することはできない（刑訴法361条）。したがって、被告人が上訴の放棄を望む場合には、弁護人は上訴の放棄による結果をよく説明する必要がある。とくに、恩赦などを誤解して放棄しないように注意する。

3　上訴の取下げ

　上訴の取下げは、上訴申立て後上訴審の終局判決があるまでの間にすることができる。上訴の取下権者は、上訴の放棄権者と同様である。

　上訴の取下げの方式は書面でするのを原則とするが、公判廷の場合、口頭でもよい（刑訴規則224条）。上訴の取下げをすると、再上訴が禁じられる（刑訴法361条）。上訴期間経過後の取下げの場合、相手方が上訴していなければ裁判は直ちに確定する。したがって、被告人が上訴の取下げをする場合には、弁護人は再上訴禁止、未決の裁定通算なしなどの効果をよく説明する必要がある。

　被告人が上訴の取下げをした場合、裁判所から国選弁護人に事件終了の通知が来る。この場合でも、実際に行った業務に応じて国選弁護報酬を支給する扱いになっている。

②　控訴審

1　国選弁護人選任手続

　裁判所は、被告人が弁護人選任の請求をしたとき、刑訴法36条ないし36条の３の要件を審査したうえで、国選弁護人を付する場合には、法テラスに国選弁護人の候補の指名・通知を求め、その回答を待ってから国選弁護人を選任する。また、必要的弁護事件について、被告人から回答がなく弁護人の選任

もない場合、裁判長は、職権により法テラスの指名・通知を経て国選弁護人を選任する（刑訴規則178条3項）。

控訴審における国選弁護人の指名打診手続は、一審の被告人国選弁護人と同様である。一審が裁判員裁判事件の場合、控訴審の国選弁護人は裁判員裁判対応者の名簿から指名打診をする。

なお、一審の国選弁護人を担当した事件で、控訴審も引き続き担当してもらいたいと被告人から依頼されることもある。引き続き担当することは、事件内容をすでに把握しているというメリットがある一方で、新たな視点の欠如というデメリットもあり、被告人と十分に話し合って決めるべきである。その結果、引き続き担当することを希望する場合は、東京高裁および法テラスに継続選任の要望書を提出する。もっとも、継続選任されるかどうかは、事案や担当部によって異なるので、被告人に対しては、必ずしも選任されるとは限らないことを説明しておくべきである。

2　控訴審における私選弁護人選任申出の前置

控訴審であっても、任意的弁護事件の請求選任においては、形式要件（2つのルート）、①資力が基準額（50万円）未満であること、または、②あらかじめ弁護士会に私選弁護人選任の申出をしたことを充たさなければならない。

私選申出先は高裁所在地の弁護士会である。東京高裁本庁管轄事件であれば東京の三弁護士会である。原審が東京近郊以外の場合には、被告人が地方の拘置所にいて私選申出を受けても、直ちに接見して私選受任の協議をすることが困難であることが予想される。

そのような場合には、①原審裁判所に対して、私選申出を受けたので移送してほしい旨の申立てをするとともに、②被告人に対して手紙を出すなど適宜の方法で、「被告人のために弁護人となろうとする者として弁護士会から紹介された弁護士であるが、遠方のため直ちには接見できないこと」、「東京拘置所に移送されたら数日内に接見すること」、「裁判所に移送の手続をしていること」を知らせることが望ましい。そのうえで、東京拘置所に移送されたら速やかに接見して受任の協議を行い、可能であれば私選弁護を受任し、条件が整わなければ不受任の手続をして、国選弁護人の選任の申出をすることになる。

3 記録閲覧・謄写

　一審記録は、高裁の記録閲覧室（15階北側）で閲覧する。受任手続をとる段階には、すでに一審から高裁に訴訟記録の送付がされているので、直ちに閲覧することが可能である。

　　【記録の閲覧時間】平日
　　受付　　　　　　　　　　　　記録の返還
　　 9：40〜11：30　　　　　　午前は12：00
　　13：00〜15：30　　　　　　午後は16：00
　　※　昼休みには記録をいったん返還する取扱いになっている。

　記録謄写の要領は、一審と同様である。
　控訴審段階で検察官が請求予定の証拠がある場合には、その閲覧・謄写は、直接公判立会検察官に申し込む。
　また、原審弁護人が記録を所持している場合が多いので、原審弁護人に記録の借受けについて相談する（原審弁護人は、上訴審弁護人の求めに応じ、謄写記録を引き継ぐよう努めなければならない〔国選弁護人の事務に関する契約約款33条〕）。とくに争いのあった事件では、不同意で採用されなかった供述調書、開示を受けたが証拠調べ請求されなかった証拠等、原審弁護人から借り受けなければ入手できない記録のあることがある。また膨大な記録は、すべて謄写するよりも借り受けるほうが便宜である。その場合には、円滑な記録の引継ぎのため、控訴審の国選弁護人は、原審弁護人に誠意をもって要請することが望ましい。なおその際、原審弁護人から原審の状況について話を聞くと、控訴審での方針を定めるにつき、参考となる情報を得られることがある。
　不同意調書には不利益な供述をしている関係者の原始供述が含まれていることがあるから、供述の信用性を問題とすべき事案ではこのような原始供述の検討を欠かしてはならない。また、類型証拠開示や任意証拠開示によって開示された記録についても検討すべきことは当然である。
　原審において、必要な証拠が開示されていないと考えられるケースもある。そのような場合、明確な規定はないものの、検察官に対し証拠開示請求をすると新たに開示されることもあるので、あきらめず請求すべきであろう。

共犯者等の関係当事者の事件が確定しているような場合、その関係事件の確定記録を閲覧・謄写することも検討する。この確定記録は、一審裁判所に対応する検察庁に保管されている（刑事確定訴訟記録法2条）。

4　被告人の移送

　東京高裁の事件では、地裁から高裁に記録が送付された後に東京拘置所への移送手続をとる扱いになっており、国選弁護人選任の時点では東京拘置所に移送されていないことも多い。移送が遅い場合には、移送を早くするように要請する。

　なお、被告人の移送を指揮できるのは記録がある裁判所なので、控訴直後に私選申出があった場合には、原審に移送を申し入れる。時間が経過していれば控訴審のほうが適切な場合もあるが、原審に申し入れれば、原審から控訴審に取り次いでくれることになる。

5　控訴趣意書

(1)　控訴趣意書の内容

　控訴趣意書には、刑訴法377条ないし383条に規定する控訴理由を簡潔に明示することが要求されている（刑訴規則240条）。控訴理由の主張がまったく欠ける場合、控訴理由に該当しない場合には控訴を棄却されることとなる（刑訴法386条1項3号）。

　控訴の趣意として、「1．原判決は明らかに判決に影響を及ぼすべき事実の誤認がある。2．原判決は量刑が不当である。追って詳細は書面で述べる」と記載したにすぎない控訴趣意書は、刑訴法382条、381条所定の事実援用を欠き、法律で定める方式に違反する（最決昭52・11・11刑集31巻6号1019頁）。したがって、単に項目のみを記載するのではなく、証拠を引用しながら、控訴趣意を構成する事実を具体的に主張する必要がある。

　控訴趣意を検討するためには、まず早期に被告人と接見し、原判決のどの点に不服があって控訴したのか確認すべきである。そのうえで、原審の証拠の吟味、被告人との打合せをしながら、控訴趣意書の内容の検討を進めていくことになる。事案によっては控訴理由を発見することが困難と思われる場合もあるが、弁護人は裁判官や検察官ではなく、被告人の正当な利益の擁護者であるから、「控訴の理由はない」旨の控訴趣意書など提出すべきではない

(刑事弁護人の訴訟上の義務について、東京地判昭38・11・28下民集14巻11号2336頁参照)。なお、上告審では、高裁などで主張判断を経ない事項に関する主張は適法な上告理由にあたらないとされているので、控訴趣意書の段階で、これを踏まえた主張を展開しておかなければならない。

(2) 控訴趣意書の提出方法

控訴趣意書は、規則上は、原本1通と謄本(写し)1通を提出すればよいことになっているが(刑訴規則241条)、東京高裁においては、多くの場合、原本1通、謄本1通、写し3通を提出するよう要求される(**資料5**〔202頁〕参照)。これは他の提出書面についても同様である。提出の際、期限内に提出した証明として、控えを1通持参し、受付印を押してもらうとよい。もちろん、被告人に対しても弁護人作成の控訴趣意書を交付して、控訴審の弁護方針・活動内容を説明しておくことも必要である。

(3) 控訴趣意補充書

控訴趣意書の補充として、控訴趣意補充書を提出する場合がある。これは、控訴趣意書を期限内に提出した後、趣意書の内容をより充実させるため、細やかに敷衍するときに活用するものである。

ただし、補充書により控訴趣意書の範囲を逸脱して主張(たとえば、他の控訴理由を追加するなど)しても、それは適法な主張といえないので、趣意書作成にあたっては記録を丹念に精査し、控訴理由の見落としのないように注意しなければならない。

しかし、補充書によって主張を追加することは、裁判所の職権の発動を求める意味において効果があるので、趣意書提出期限後に新たに発見した控訴理由などは追加して主張しておくべきである。

(4) 提出期限

控訴趣意書提出期限は必ず遵守し、絶対に遅れることのないように注意しなければならない。提出期限の指定後に私選弁護人として選任された場合、あらためて提出期限が通知されることはないので、私選弁護人として受任する場合は、裁判所や被告人に提出期限の指定がなされていないか確認しておくべきである。

この期限を徒過すると、原則として決定で控訴が棄却されてしまう(刑訴法386条1項1号)。また、弁護人は懲戒処分の対象ともなる。控訴趣意書の提出期限を忘れないようにするため、スケジュール管理を怠ってはならない。

たとえば記録が大部である、事件関係者との打合せに時間がかかるなど事案が複雑である、業務の都合がつかないなどにより、期限内に控訴趣意書を提出できないおそれのあるときには、裁判所に対して控訴趣意書差出最終日の延長申請をする。これは明文の規定はないが、裁判所の職権の発動を促すものとして広く行われている。

　裁判所は、この申請を相当と認める場合、差出最終日を延長する旨の決定をする。この決定の告知は、申請した弁護人に対して電話など口頭でなされることもある。いつまで延長されたか、訴訟記録を閲覧する、ないし裁判所に問い合わせるなどして再確認したほうがよい。ただし、延長申請が認められないことも多いので、当初の提出期限内に提出できるよう努力すべきである。

　また、この延長申請を弁護人がした場合、弁護人の控訴趣意書差出最終日が延長されるだけで、被告人のそれは延長されないが、被告人自身の控訴趣意書差出最終日の延長も併せてすると、被告人のそれも延長される場合がある。

6　公判

(1)　被告人の義務・権利

　控訴審では、被告人は、公判に出頭する権利を有するが義務はない（刑訴法390条）。したがって、被告人が不出頭の場合でも、公判は開かれる。通常は、被告人の出頭を求めて審理をする。

　被告人には弁論能力はなく、もっぱら弁護人が弁論することとなる（刑訴法388条、389条、393条4項）。ただし、事実取調べ請求などは弁論ではないので、被告人もその請求権を有する（刑訴法393条1項）。

(2)　弁論

　公判期日では、検察官・弁護人が控訴趣意書に基づいて弁論しなければならない（刑訴法389条）。実務上は「控訴趣意書のとおり陳述する」と述べるだけで終わることもあるが、本来であれば控訴趣意書全文を朗読すべきであるし、少なくとも控訴審における争点に触れながら、その骨子を論じたほうがよい。

　弁論の範囲は控訴趣意書（被告人・他の弁護人の作成したものを含む）に包含されたところである。被告人作成の控訴趣意書は趣旨が不明確な場合もあるので、弁護人がこれに基づいて弁論をせず、被告人の供述という証拠資料

の扱いにする場合もある。

　当事者が弁論をしない場合でも、適法に作成された控訴趣意書に包含された事項は調査の対象となる（刑訴法392条1項）。ただし、当事者が撤回した部分ないし弁論において陳述しない旨の明示があった部分については、職権調査の対象にもならないと解されている。したがって、被告人作成の控訴趣意書に基づいて弁論すべき場合もあることを忘れてはならない。また、被告人作成の趣意書に盛り込まれている主張を弁護人作成の趣意書に援用しておくことも必要である。

(3)　事実取調べの請求

　「やむを得ない事由によって第一審の弁論終結前に取調を請求することができなかった証拠によって証明することのできる事実」や「第一審の弁論終結後判決前に生じた事実」について刑訴法393条1項ただし書に該当する場合には、事実の取調べは義務的である。それ以外にも、「第一審判決以前に存在した事実に関する限り、第一審で取調ないし取調請求されていない新たな証拠につき、右『やむを得ない事由』の疎明がないなど同項但書の要件を欠く場合であっても、第一審判決の当否を判断するにつき必要と認めるときは裁量によってその取調をすることができる」とされている（最決昭59・9・20刑集38巻9号2810頁参照）。また「職権で、第一審判決後の刑の量定に影響を及ぼすべき情状につき取調をする」ことを求めることもできる（刑訴法393条2項）。

　事実取調べ請求をする場合は、第1回公判期日前に、事実取調べ請求書を作成して裁判所に提出する。東京高裁の場合は、事実取調べ請求書に証拠の写しを添付して裁判所に提出する扱いとなっている（提出部数は控訴趣意書と同様、合計5部である）。なお、第一審における被告人質問は職権で実施する扱いとなっているが、控訴審では請求しない限り実施しないので、控訴審であらためて被告人質問を実施する必要がある場合は、事実取調べ請求をすることを怠ってはならない。

　東京高裁では、通常、第1回公判は30分と指定される。事実取調べをしない場合、あるいは簡単な被告人質問だけをする場合には1回で結審してしまうことが多い。事実取調べをする場合は、第2回公判以降が実施されることもある。

　弁護人は、控訴趣意書の主張の裏づけとなる事実取調べを裁判所に採用させるよう、努力をすべきである。公判期日前に、検察官・裁判官と第1回公判

の進行などについて十分な打合せをすることも肝要である。

　量刑不当の主張の場合には、第一審判決以前に存在した事実に基づく主張・立証をするほか、第一審判決後の情状（刑訴法393条2項）によっても、「原判決を破棄しなければ明らかに正義に反すると認めるときは、判決で原判決を破棄することができる」（刑訴法397条2項。「二項破棄」と呼ばれる）とされているから、第一審判決後の情状の証拠資料の収集を図り、書証（たとえば示談書・被害者の上申書などのほかにも、被告人・その関係者の手紙も有益な証拠資料となる場合もある）、人証などを検察官に事前に開示し、さらには公判期日に、情状証人を在廷させる準備も整えて職権発動による取調べを要請するとよい。

　事実関係を争う主張をしている場合には、必要と思われる証人・鑑定・検証などの申請をする。これらが原審において採用されているとしても再度する必要があると考えるならば、事実取調べ請求書にその必要性（たとえば、原審における内容の不十分性、矛盾点などを指摘する）を詳細に記載するとともに裁判官にも口頭で説明すべきである。

　事実取調べをしたときは、検察官・弁護人はその結果に基づいて弁論することができる（刑訴法393条4項）。ただし、控訴審がそもそも控訴理由の存否について判断するものであることから、この弁論の範囲もその限度にとどまることとなる。

7　判決

　判決には、控訴棄却（刑訴法395条、396条）、破棄差戻し（刑訴法398条、400条本文）、破棄移送（刑訴法399条、400条前段）、破棄自判（刑訴法400条ただし書）などがある。不利益変更禁止（刑訴法402条）は、自判する場合だけでなく、差戻し・移送後の第一審判決にも及ぶものと解されている。なお、差戻し・移送後の第一審は当然のことながら、新たな弁護人が選任されることになる。

　被告人控訴の棄却事案においての控訴審における未決勾留日数の算入は、控訴審が裁量によって決定する。

　判決宣告後、第一審のときと同様に被告人と面会して、判決内容、上告手続などについて説明をすべきである。保釈中の被告人に控訴棄却または再度実刑判決が言い渡された場合、保釈の効力が失効するが、東京高等検察庁で

は直ちに収容する扱いとはされていないようである。もっとも、再保釈申請をしない場合は、上告期間の経過を待たずに収容されるので、早期に再保釈申請をすべきである。

③ 上告審

1 上告事件の特質

上告審は、被告人が「まだ最高裁がある」と最後の期待をかける場である。全国から集まってくる上告事件のなかには、相当数の冤罪事件も混じっていると考えたほうがよい。そこで、被告人が争っている場合はもちろん、認めている場合でも、自白の内容などに疑問を抱いた場合には、被告人にその点を問いかけるなど真実発見に努めるべきである。

また、冤罪の発見に限らず、量刑不当など、被告人の原判決に対する不満がどのようなものであるかを十分汲み取り、刑訴法405条の上告理由あるいは411条各号の職権破棄事由に照らして、柔軟かつ注意深い検討を行う。

2 受任手続

上告審の国選弁護人の選任手続は、第一審・控訴審の場合と同様である。ただし上告事件の場合、国選弁護人選任命令の受け方が第一審・控訴審の場合と異なる。第一審・控訴審の場合は自分で裁判所の担当部に赴き選任命令を受けるが、上告審の場合は、国選弁護人指名通知書等に署名・押印して法テラスに提出してから数日後に、最高裁から「弁護人選任書」および「上告趣意書差出最終日通知書」が送付される。この通知を受けてから、弁護人として具体的に活動することになる。

記録が膨大で困難であることが予想される場合には、この通知書送付前に上告趣意書提出期限について裁判所と協議することを考えてもよい。

3 記録の閲覧・謄写

(1) 記録の閲覧

最高裁判所の記録閲覧室（1階）で閲覧する。

【記録閲覧の受付時間】平日
午前　　　9:30〜12:00
午後　　　13:00〜16:30

　記録の閲覧をする場合には、備付の「刑事訴訟記録(証拠物)裁判書原本閲覧謄写願」に必要事項を記入のうえ、押印して提出する。
(2)　記録の謄写
　記録の謄写の要領は、第一審・控訴審と同様である。従来謄写は最高裁の庁舎内にあった司法協会に依頼していたが、現在では、東京地裁庁舎内にある司法協会に謄写を依頼することができる。もっとも、第一審・控訴審と比較しても時間がかかるので注意を要する。なお、最高裁の庁舎内にコインベンダー式のコピー機も設置されていて、自らコピーをとることもできる。
　上告審でも、未提出記録を含めて記録検討することは当然であり、原審弁護人に記録の引継ぎを依頼し、全証拠を入手すべきである。
(3)　証拠物の取扱い
　証拠物は、最高裁ではなく、原審裁判所にそのまま留め置かれているので(刑訴規則251条参照)、証拠物を見たい場合には、あらかじめ書記官に電話連絡したうえ、取寄せの申請をするか、もしくは最高裁裁判長の許可を得て原審裁判所で証拠物の閲覧・謄写をする必要がある。

4　接見

　刑訴規則265条は「上告審においては、公判期日を指定すべき場合においても、被告人の移送は、これを必要としない」と規定している。このため上告審では、被告人が控訴審裁判所所在地の刑事施設に勾留されたままとなる。
　上告審においても、被告人と接見して意思確認をすることが望ましいことはいうまでもない。もっとも、遠隔地の拘置所に勾留されている被告人との接見については、弁護人としても頭を悩ますところである。このような場合には、少なくとも被告人に対して手紙を書き、どのような理由で上告したのかを確かめる必要がある。そのうえで接見の必要を感じたら、労を厭わず接見に行くことも考えたい。この場合の旅費・宿泊費については、法テラスより支給される。少なくとも、死刑事件や、犯人性を争っている否認事件等、重大困難事件については、被告人との打合せの必要性は高く、たとえ遠隔地で

あっても原則として接見に行くべきである（刑事上告審弁護指針2条）。

他方で、被告人が東京近郊に勾留されているのであれば、原則として接見したうえで被告人の意思確認を怠ることのないようにすべきである。

なお、被告人が外国人で日本語が読解できない場合でも、手紙による意思疎通を図らなければならない。その場合、接見等での通訳人に依頼したのであれば、その翻訳費用は法テラスより支給される。接見に行く場合の通訳費用についても支給される。この場合、被告人の勾留場所を管轄する法テラスに通訳人を紹介してもらうとよい。

5　上告趣意書

(1)　上告趣意書の内容

上告理由は、憲法違反または判例違反である（刑訴法405条各号）。判例違反（同条2号）を理由とするときは、上告趣意書に当該判例を具体的に示さなければならない（刑訴規則253条）。適法な上告理由がない場合は、職権破棄事由（刑訴法411条各号）を指摘して原判決破棄を求める。

刑訴法411条3号には、判決に影響を及ぼす重要な事実誤認を疑うに足りる顕著な事由がある場合も含まれるから（最判昭32・2・14刑集11巻2号554頁）、活用すべきである。この場合は、審理不尽（刑訴法411条1号）を伴う場合が多いから、注意して、これも活用する。

上告趣意は次のように記載する。「原判決は、判決に影響があってこれを破棄しなければ正義に反する重大な事実誤認を疑うに足る顕著な事由があり、かつ判決に影響を及ぼすべき法令の違反があるので、破棄されるべきである」。

上告審は、被告人が主張できる最後の機会である。弁護人としては、憲法違反や判例違反の有無はもちろんのこと、職権破棄事由の有無についても丹念に検討し、積極的に主張すべきである。上告審でも、事実誤認や量刑不当を理由に破棄されるケースもあるので、あきらめてはならない。法律的な論点でも、まだ論じられていない点が発見されることもあるので、柔軟かつ注意深く検討し、積極的に記載する。

(2)　提出期限と方法

控訴趣意書提出期限と同様、上告趣意書提出期限も厳守しなければならず、スケジュール管理を怠ってはならない。

また、上告趣意書の提出期限の延長は事案によって可能である。その方法

は控訴趣意書提出期限の延長の場合と同様である。

　上告趣意書は、裁判所から原本1通、写し2通を提出するよう要求される。

　上告期限内に上告趣意書を提出した証明のために、上告趣意書提出時に趣意書控に裁判所の受付印をもらうとともに、写しを被告人にも送付すべきである。

(3)　上告趣意補充書

　上告趣意書の補充書についても活用を考えるべきである。上告趣意書の補充書は、控訴趣意書の補充書に準ずる。

6　上告趣意書提出後の活動

　上告趣意書提出後、長期にわたって結論が出されない場合には、補充書を追加したり、保釈請求をするなどし、適宜に調査官と面会し、弁護人の主張を訴え続けることが望ましい。

　最高裁において原判決が破棄される場合には、口頭弁論が開かれ、弁論要旨の提出を求められるのが通例である。ただし、死刑事件の場合には必ず口頭弁論を開くのが慣例となっている。

　また、上告を棄却する場合には、口頭弁論を開くことなく、決定の写しを被告人および弁護人に送付してくるのが通常の取扱いである。なお、判決の場合は言渡し期日の通知がある。

　上告審の判決内容に誤りがあることを発見した場合には、検察官、被告人または弁護人の申立てにより、判決でこれを訂正することができる（刑訴法415条1項）。この申立ての期間は、判決の宣告があってから10日以内である（同条2項）。

　最高裁の決定に関し、決定の内容に誤りがあることを発見したときは、異議の申立てができる。最決昭30・2・23刑集9巻2号372頁は、刑訴法414条、386条1項3号により上告を棄却した最高裁の決定に対しては414条、386条2項により異議の申立てをすることができるが、訂正の申立てをすることは許されないとしている。この異議申立ての期間は3日以内である（刑訴法414条、385条2項、422条）。

7　未決勾留日数の算入について

　上訴提起期間中の未決勾留日数は、上訴申立日から法定通算されないのが

原則であるが（刑訴法495条1項）、最高裁は、申立てから4カ月を超えるとそれ以降は裁定算入（刑法21条）をすることが多いようである。

8　結果報告書の提出

　事件終了後、第一審・控訴審と同様に、「国選弁護結果報告書」を弁護士会に提出する。なお、口頭弁論が開かれる可能性が高いものは、上告趣意書提出時に中間報告し、事件終了時に結果報告書を提出すること。

資料1

事件の終了から報酬および費用の支払いまでの流れ

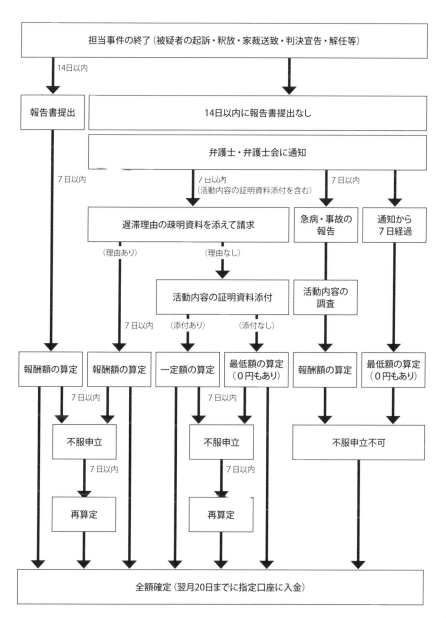

資料2

夜間及び休日の未決拘禁者と弁護人等との面会等に関する申合せ

　本申合せは、法務省及び日本弁護士連合会が、刑事施設等における夜間及び休日の未決拘禁者と弁護人等との面会並びに少年鑑別所における夜間及び休日の少年と付添人との面会の実施の範囲及び方法を下記のとおり申し合わせるものである。

　　　　　　　記
（定義）
1　本申合せにおいて、次の各号に掲げる用語の意義は、それぞれ当該各号に定めるところによる。
　　ア　休日　行政機関の休日に関する法律（昭和63年法律第91号）第1条第1項各号に定める日
　　イ　平日休以外の日
　　ウ　夜間平日における、刑事施設の執務時間終了時以後午後8時までの時間
　　エ　未決拘禁者刑事施設に収容されている被逮捕者、被勾留者その他未決の者として拘禁されている者
　　オ　弁護人等当該未決拘禁者の弁護人及び弁護人を選任することができる者の依頼により弁護人となろうとする者（弁護士でない者にあっては、弁護人に選任することにつき裁判所の許可がされた後に限られる。）

（被疑者の夜間の面会）
2　被疑者の弁護人等との面会は、夜間においても実施する。

（被疑者の休日の面会）
3　被疑者の弁護人等との面会は、次の各号に掲げるものについて、それぞれ当該各号に定める時間にも実施する。
　　ア　当該刑事施設に収容された後の弁護人等との初めての面会　土曜日及び日曜日並びにこれと連続する休日における、平日の執務時間と同一の時間
　　イ　当該刑事施設に収容された後の弁護人等との第2回目以降の面会　土曜日の午前中
　　ウ　余罪捜査中の被告人又は受刑者で、被疑者として逮捕又は勾留されている場合の面会　イに同じ。

（被告人の夜間の面会）
4　被告人の弁護人等との面会は、次の各号に掲げる場合において、夜間にも実施する。
　　ア　当該面会希望日から起算して5日以内に公判期日（公判前整理手続期日及び期日間整理手続期日を含む。以下同じ。）が指定されている場合
　　イ　上訴期限又は控訴趣意書等の提出書類の提出期限が当該面会希望日から起算して5日以内に迫っている場合

（被告人の休日の面会）
5　被告人の弁護人等との面会は、次の各号に掲げる場合において、土曜日の午前

中にも実施する。
　　ア　当該面会希望日から起算して２週間以内に公判期日が指定されている場合
　　イ　上訴期限又は控訴趣意書等の提出書類の提出期限が当該面会希望日から起算して２週間以内に迫っている場合

(予約)
6(1)　未決拘禁者との夜間又は休日の面会を希望する弁護人等は、当該面会希望日の直近の平日(当該面会希望日を含まない。)の執務時間までに、刑事施設等に対して予約をするものとする。ただし、夜間の面会について、次の各号に掲げる場合には、それぞれ当該各号に定める時点までに予約をするものとする。
　　ア　当該面会希望日当日に面会の必要が生じた場合(イに掲げる場合を除く。)　当日午後３時30分
　　イ　当該面会希望日に公判期日が開かれており、翌日にも公判期日が予定されている場合　当該面会希望日の執務時間
(2)　(1)の予約が行われていない場合には、職員配置の事情等により、面会が実現できないこともある。

(例外的措置)
7　上記にかかわらず、次に掲げる事情が存する場合であって、平日の執務時間内に面会を実施することが困難なときには、夜間又は休日(平日の執務時間と同一の時間)にも弁護人等との面会を実施する。
　　ア　弁護人等が遠隔地から来訪する場合
　　イ　通訳を要する事案において、通訳人が遠隔地から来訪する場合
　　ウ　未決拘禁者から、弁護人等に対し、別件の被疑事件について取調べを受けたので至急面会したい旨の信書(電報及びファクシミリを含む。)が休日又はその直前に届いた場合
　　エ　その他上記に準ずる緊急性及び必要性が認められる場合

(少年鑑別所における面会)
8(1)　少年鑑別所に勾留(勾留に代わる観護措置を含む。)されている少年の弁護人等との面会についても、上記の被疑者の弁護人等との面会に準ずる。
(2)　観護措置中の少年の付添人との夜間の面会については、上記の被告人の弁護人等との面会に準じ、休日の面会については、上記の被疑者の弁護人等との面会に準ずる。

(施行日)
9　本申合せは、刑事施設及び受刑者の処遇等に関する法律の一部を改正する法律(平成18年法律第58号)の施行の日から施行するものとする。

(従前の確認事項の廃止)
10　法務省矯正局と日本弁護士連合会が平成４年３月11日に確認し、平成12年４月21日に改定した「弁護人接見について(骨子)」及び『「弁護人接見について(骨子)」の解釈及び運用細目について(確認事項)」による取扱いは、廃止する。

資料3
国選弁護報酬請求等のしおり (2019.10.1改訂)

国選弁護事件を受任される弁護士の方へ(通訳事件編)

第1 通訳人の選定について

1 被疑者国選弁護事件における通訳人について

通訳人の選定は弁護活動の一環をなすものと考えられますので、国選弁護人に通訳人の心当たりがあれば、国選弁護人からその方に直接通訳を依頼していただくことになります(その際には、在留資格等のご確認をお願いいたします。)。

そうした心当たりがない場合には、地方事務所において通訳人を紹介しますので、その方に通訳を依頼してください。

2 被告人国選弁護事件・少年付添事件における通訳人について

公判・審判段階においては法廷通訳人が選任されますので、接見等の弁護活動についても法廷通訳人に通訳をしてもらうことが考えられます。法廷通訳人に通訳を依頼できない場合などには、被疑者段階と同様の取扱いとなります。

第2 通訳人の契約関係について

通訳人は、国選弁護人・付添人(以下「国選弁護人等」という。)から直接依頼する場合でも、地方事務所からの紹介を経た場合でも、国選弁護人等との契約に基づいて通

【通訳料基準の概要】
(金額はいずれも消費税込み)

費目		基 準 (*1)	
通訳料	基本料金	1日の通訳時間(実際に通訳を行った時間。待機時間を含まない)の合計が30分以内の場合(*2)	8,380円
	延長料金	1日の通訳時間の合計が30分を超える分について、その超過分が10分に達するごとに(10分未満は切捨て)	1,047円
待機手当		1日の待機時間(通訳予定場所に到着した時刻、同場所における契約弁護士との待ち合わせ時刻のうち、いずれか遅い時刻から、通訳を開始するまで〔通訳が実施されなかった場合は不実施が確定したときまで〕の時間)の合計が20分に達するごとに(20分未満は切捨て)	1,047円 (上限 4,188円)
交通費		公共交通機関を利用した場合に算定される金額(*3)を上限とする実費(*4)(*5)	
遠距離移動手当		通訳のための移動が遠距離(往復100km以上)にわたる場合(*5)	4,190円
振込・書留手数料		通訳人に振込・書留により支払った場合、振込・書留に要した手数料の実費	

*1 本基準は令和元年10月1日以後の国選弁護人等の活動に通訳人を要した場合に適用し、その余の場合については改正前の基準が適用されます。
*2 同一事件に関し、同一日に複数回の通訳を行った場合、基本料金の支給は1回のみです。
*3 公共交通機関(タクシーは含みません)を利用して最も経済的な通常の経路及び方法により移動した場合の金額を指します。
*4 特急料金及び座席指定料金は、特急券の有効区間が片道100km以上の場合、急行料金は、急行券の有効区間が片道50km以上の場合のみ支給します。なお、グリーン料金は支給されません。
*5 複数の事件について同一の移動機会に通訳をした場合は、交通費及び遠距離移動手当については、事件の件数に応じて按分します。

訳を行うことになりますが、法テラスでは、財政規律を維持する観点から、通訳料の支給基準（通訳料基準）を定めており、契約弁護士は、同基準に従って通訳人に通訳を依頼するよう努めなければならないとされていますので、通訳料基準に従った契約の締結をお願いいたします。

第3 通訳人費用の算定について

接見時等の通訳人費用が算定対象となります。

なお、被告人国選弁護事件・少年付添事件における公判廷・審判廷での通訳費用（法廷通訳費用）は、裁判所から支出されます。

通訳人から領収書又は請求書を受領し、報告書提出の際に併せて法テラスに提出してください。通訳料等請求書（兼通訳人領収書/請求書）の書式は法テラスHPに掲載しています。

※ 通訳料基準と異なる通訳料等の算定には、通訳依頼の際に通訳料基準を説明したこと、同説明にも関わらず通訳料基準と異なる支払等となった理由の確認が必要となります。詳細は、「法テラスの通訳料基準」をご参照ください。

※ 通訳人費用が10万円を超えるときや選任から6ヶ月が経過したときは、中間払いも可能です（弁護約款本則第31条、付添約款本則27条）。また、通訳人からの請求の段階（支払は未了）でも算定できます。

第4 通訳に伴う文書作成料（翻訳料）について

法テラスでは、通訳に伴う文書作成料（翻訳料）については、①弁護活動に通訳人を要した事件であること、②当該通訳人に文書作成（翻訳）を依頼したこと、③当該文書作成（翻訳）が弁護側の主張立証のために行われたものであること、という要件を全て満たす場合に限り、支給する扱いとしております。

また、法テラスでは、<u>翻訳後の文書A4版1枚当たり2,095円（税込み）</u>を翻訳料の目安としております。

<u>1文書が3万円を超える場合は、支給の可否について事前の検討が必要になります</u>ので、必ず事前に法テラスに照会してください。

> **上記①ないし③の要件に該当する具体例**

○被疑者・被告人・少年（以下「被疑者等」という。）作成の手紙を日本語に翻訳して証拠請求する場合
○被疑者等作成の控訴趣意書・上告趣意書を日本語に翻訳して裁判所に提出する場合
○被疑者等の家族・職場の上司作成の手紙を日本語に翻訳して証拠請求する場合
○示談書案を外国語（被害者使用言語）に翻訳して被害者に提示する場合

第5 通訳人費用のお支払い方法について

算定された通訳人費用は、他の報酬等と一緒に、<u>国選弁護人の指定口座に振り込まれる</u>（※）ことになりますので、通訳人へは国選弁護人より直接お支払いください。

※ 法テラスから国選弁護人に支給される通訳人費用は、他の報酬・費用と同様、源泉徴収の対象となりますので、税務申告の際に適宜調整して申告してください。

※ 弁護人に事務負担をお願いする現在の支払方式について、法テラスから通訳人に直接支払う方式の導入を要望する声が強いことは承知しておりますが、実現のためには、法改正が必要となり、困難な状況です。中間払いや通訳人への後払いなど、負担軽減措置が現行制度にも組み込まれておりますので、ご理解とご協力をお願い申し上げます。

資料4

即決裁判手続の流れ

※日本弁護士連合会編著『弁護士白書2005年版』28頁より

検察官が即決裁判手続の方針を決定

【条件】
(1) 相当と認めるとき（350条の16①本文）
　〈相当性の判断要素〉
　① 事案が明白
　② 事案が軽微
　③ 証拠調べが速やかに終わる見込み
　④ その他の事情
(2) 死刑又は無期若しくは短期1年以上の懲役若しくは禁錮に当たる事件でないこと（350条の16①ただし書き）
(3) 懲役又は禁錮の場合には、執行猶予相当の事案であること（350条の29）

↓

被疑者の同意（350条の16②）

(1) 書面により同意確認を求める（350条の16③）
(2) 検察官から即決裁判手続の説明（同項）
(3) （弁護人がいれば）被疑者が同意するかどうかを明らかにするために弁護人の援助を受ける。
(3) 被疑者の書面による同意（350条の16⑤）

↓

即決手続を申し立てるための弁護人の同意または意見留保（350条の16④）

(1) 被疑者に弁護人がある場合
(2) 同意を求める方法は自由（参考350条の16③）
(3) 書面による同意または意見留保（350条の16⑤）

↓

即決裁判手続の申立て

(1) 公訴の提起と同時に（350条の16①）
(2) 書面により申し立てる（同項）
(3) 被疑者の同意書面、弁護人の同意または意見留保書面の添付（350条の16⑥）

↓

次頁に続く

被疑者が即決手続に同意するか明らかにするための弁護人選任手続（350条の17②）

被疑者に弁護人がいるか
- いる → 弁護人あり
- いない → 国選弁護人選任権の告知（350条の16③カッコ書き）
　- 国選請求（350条の17①） → 要件審査等（350条の17②、37条の3） → 弁護人あり
　- 請求なし → 弁護人なし

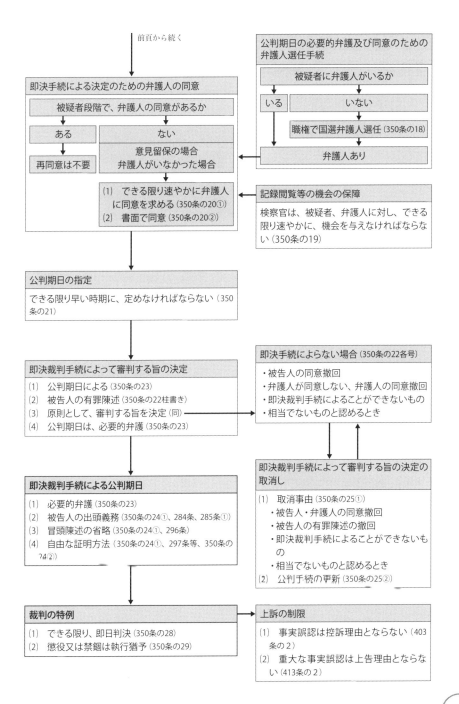

資料5

控訴審に関する事務連絡

事務連絡

東京高等裁判所第○刑事部
TEL 03-3581-○○○○
FAX 03-3581-○○○○

1 控訴趣意書は、指定された差出最終日までに、次のとおり5部提出してください。

- 原本　1通（記名・押印）
  謄本　1通（原本と同じもの、押印が必要）
  写し　3通
- 代印は無効です。
- 他の書面（原審弁論要旨等）を添付しないでください。
- ページ数を付してください。

2 事実の取調を請求する場合には、裁判所が採否を検討する必要がありますから、公判期日の遅くとも1週間前に、証拠の標目（被告人質問を含む。）及び立証趣旨を明示した事実取調請求書5通（原本1通、謄本1通、写し3通）及び証拠書類の写しを5通提出してください。書証の原本は、当日法廷に持参してください。

なお、証拠の番号は、控訴審においても1から付してください。

証人については、住所・尋問事項・所要時間の見込み（被告人質問についても同様）・当日の在廷の有無を明らかにしてください。

3 同請求書に記載した証拠書類・証拠物等は、できるだけ早い機会に検察官に開示して公判期日に検察官が意見を述べることができるようにしておいてください。

4 収容中の被告人と期日外に接見等を行う場合には、被告人の収容の有無を東京拘置所又は東京高等検察庁（令状係）に必ず確認してください。

東京高等検察庁　　TEL03-3592-5611
　　　　　　　　　（内線○○○○担当検察事務官）
　　　　　　　　　（内線3145令状係）
東京拘置所　　　　TEL03-3690-6681

以上

資料6

国選弁護人の私選弁護人への変更承認方手続き並びに承認基準に関する定め

第1条　国選弁護人から私選弁護人への変更方を希望する会員は、予め会長に対し、変更方承認の申請をし、その承認を得なければならない。

第2条　前条の承認申請は、別紙書式1の申請書に所要事項を記入の上、当該事件の起訴状の写を添付しなければならない。

第3条　会長は、申請を受理したときは、直ちに当該事件の被告人又はその関係人に対し、別紙書式2の照会書により所要事項についての回答を求め、回答があったときは、速やかに同回答書を含む申請記録一式を刑事弁護委員会に回付して変更承認の可否につき、審査を求めるものとする。

第4条　刑事弁護委員会は、前条による審査事件の回付を受けたときは、速やかに審査を行い、その結果を会長宛報告するものとする。

第5条　刑事弁護委員会は、事案が下記1乃至3の諸基準に照らして変更承認が妥当と認められる場合に限り、変更承認相当の決定をする。

　1　当該弁護人が被告人に対し、その事件の私選弁護人となることを運動した事実、又はその疑いのないこと。

　2　当該事件における国選弁護人としての弁護活動において誠実公正を欠いた疑いのないこと。

　3　事件の内容又は被告人及びその家族の要望などを考慮し、私選に切換えるのが相当と思料されること。

第6条　刑事弁護委員会の審査は、書面審査の上、必要がある場合は事件関係人に出頭を求めて事情を聴取したり、必要事項につき照会をする等の事実調査をする。

第7条　会長は、第4条の審査結果の報告を受けたときは、速やかに申請人に対し変更承認の可否についての通知をしなければならない。

当番・国選Q&A

名簿

Q 当番や国選の名簿登録は自動的に継続されますか？

A 基本的には自動的に継続されます。契約をやめたい場合には法テラスに解約届を提出することが必要です。契約は維持したいが一時的に配点を受けられない場合は、所属弁護士会へ問い合わせてください。

Q 当番の待機時間は何時から何時までですか？

A 当番も国選も午前10時〜午後5時30分までです（❶③〔18頁〕参照）。

Q 待機日の変更をしたいのですが、どうすればよいですか？ 担当者の交代のやり方がわかりません。

A 東弁本庁管轄分についてはマイページで変更が可能です。立川支部管轄分については弁護士会多摩支部に連絡してください（❶②2〔17頁〕参照）。

Q まだ刑事弁護新人研修の受講前に、他の弁護士の待機日を引き取ってもいいですか？

A できません。

Q 他会所属の弁護士と交代することはできますか？

A 本庁の場合はできません。多摩支部の場合は可能です。

Q 被疑者国選待機日に受任した場合、被告人国選の優先枠の閲覧に参加できますか？

A 受任した場合、配点を拒絶した場合は参加できません。

Q 当番名簿や被疑者国選名簿で少年の被疑者が配点されることがありますか？

A 多摩支部の場合は、成人・少年共通の名簿ですので、配点されることがあります。

Q 被疑者国選事件は、法テラスで事件を閲覧して受任するのですか？

A 被疑者国選事件は、すべて法テラスからの電話打診です。

接見

Q 弁護人になることを求められた場合に、拒絶することはできますか？

A 受任義務がありますので、正当な事由がない限り拒絶することはできません（❸①4〔46頁〕参照）。

Q 接見資料とは何ですか？　接見資料をもらい忘れてしまいました。

A 接見資料とは接見に行ったことを疎明する資料です。警察署の留置係等に備え置いてあります。裁判所・検察庁には置いてないので、裁判所・検察庁で接見する場合には不要です。また、起訴後の接見時にも不要です。もらい忘れた場合は、接見資料に代わる「事実証明書」が法テラスから発行されますので、法テラス東京まで連絡してください。

Q 弁護人選任届の被疑者署名・捺印欄にある指印証明とはどういう意味ですか？

A 身体拘束中の被疑者は印鑑を取り上げられているため、捺印はすべて指印となります。その指印が本人のものであると確認するため、留置係の警察官に指印証明をしてもらう必要があります。弁護人選任届の差入れ時に留置係の職員に伝えれば、指印証明をしてくれます。なお、辞任届付弁護人選任届も同様です。

Q 不受任通知は何のために差し入れるのですか？

A 資力が基準額以上である被疑者が国選弁護人の選任を請求するには、事前に私選弁護人を選任しようとしたができなかったことが要件となっている（刑訴法37条の3第3項、31条の2第3項）ところ、不受任通知書が、この要件充足の証明となるためです（❸②4〔51頁〕参照）。

Q 接見でよく聞かれることはどんなことですか？

A 逮捕されてからの具体的なスケジュール、起訴されるか否か・執行猶予になるか否か・いつ出られるのか等の事件の見通しはよく聞かれます。断言できないことも多いとは思いますが、できる限り事前に調べてから接見に行きましょう。なお、勾留質問日などのスケジュールは地裁事案と簡裁事案で運用が異なる場合もありますので、留置係に確認してください。

Q 口座から示談金を引き出してほしいと言われたらどうすればよいですか？

A ほかに対応できる親族がいるかどうかなどを確認して、応諾するか否かを決めてください。そして、応諾する場合は、キャッシュカードを宅下げし、暗証番号を聞いて出金する場合、後日のトラブルを避けるため、出金についての同意書に署名してもらう、必ず明細書を保管し、当該名目の預り証を発行するなどの慎重な対応をするようにしてください。

Q 被疑者の自宅から物の持ち出しを依頼されたらどうすればよいですか？

A ほかに対応できる親族がいるかどうかなどを確認して、応諾するか否かを決めてください。そして、応諾する場合は、本人の同意を得たうえで、後日のトラブルを避けるため、写真や録画によって立入りや持出しの証拠を残すようにしてください。また、証拠隠滅が疑われることのないよう、事案によっては担当検察官に報告することなども検討してください。

Q 親族への連絡を頼まれましたが被疑者が電話番号を覚えてない場合、どうすればよいですか？

A 担当検察官か担当刑事に尋ねてください。また、携帯電話を宅下げできるケースもあります。

援助制度

Q 当番で行ったら逮捕段階（勾留決定前）の住居侵入でした。どのように受任すればいいですか？

A 私選弁護人として受任するほか、援助制度を利用して受任する方法があります（❸Ⅰ3〔45頁〕参照）。

Q 資力がある場合に援助制度を利用できますか？

A 援助制度を利用しなければならない理由を記載したうえで申込みを行ってみてください。ただし、援助決定されるかどうかは三会援助センターの判断になります。

Q 援助制度の利用方法を教えてください。申込書はいつまでに出せばよいですか？

A 援助利用申込書を援助事務センターに速やかに提出してください（被疑者本人の自署欄があるので注意）。遅くとも対象となる活動の終了までに提出しないと報酬が出ない可能性があります（❸Ⅰ3〔45頁〕参照、当番マニュアル22頁以下）。

当番

Q 当番で接見に行ったら被疑者が依頼を留保することになり、そのように報告しましたが、その後、正式に受任(不受任)となりました。どのように報告すればよいですか？

A 報告書に「再送」と記載したうえで、新しい結果を再度報告してください。

Q 当番で接見に行ったら留保となりました。その後、再度接見に行って選任意思を確認する必要はありますか？

A 留保になった以上は、何らかの方法で選任意思を確認する必要があります。たとえば、接見時に選任希望があるときは、留置係を通して接見を求めるように説明していた場合は、留置係から連絡がない限り選任意思がないことになりますので、再度接見に行く必要はありません。

Q 当番で接見に行ったら留保となりましたが、その後、釈放されました。示談交渉を受任する予定だったのですが、どうすればいいですか？

A 私選弁護の契約をすることになります。

切替え

Q 資力がある場合に被疑者国選で受任することができますか？

A 不受任通知を差し入れて、当番から国選への切替え手続を行ってください(❸ ②4〔51頁〕参照)。

Q 被疑者・被告人が国選から私選に切り替えたいと言っていますがどうすればいいですか？

A 刑事弁護委員会の承認を経て切り替えることができます。ただし、弁護人から私選への切り替えを働きかけることは厳に慎む必要があります(職務基本規程49条2項)。詳しくは**資料6**(203頁)を参照してください。

Q 捜査段階で私選で受任したのですが、資力がなくなってしまったため、起訴後に被告人国選弁護人に切り替えることはできますか？

A 原則として国選弁護人に選任されることはありません。

費用・報酬

Q 当番で行って私選で受任する場合の費用の目安はどのぐらいですか？

A 東京弁護士会では目安として「起訴前着手金20万円、起訴後着手金30万円、報酬金30万円（いずれも税別）」としています。この目安額を上回る場合は弁護士会に対して報告が必要です（❸①2(3)(4)〔44、45頁〕参照）。

Q 国選弁護人選任書を受け取る前に接見に行った場合、報酬の算定対象になりますか？

A 法テラスからの指名打診受諾後に接見した場合は、選任書を受領していなくとも報酬の算定対象になります。電話で指名打診を受諾したら、速やかに接見に行きましょう。

Q 被疑者国選において、処分保留で釈放された後に示談が成立しました。示談加算はなされるのでしょうか？

A 釈放後2週間経過後は加算されません。ただし、援助制度の場合は、釈放後6カ月以内であれば、加算されます。

Q 被疑者に被疑者国選の弁護費用の負担を求められることはありますか？

A 起訴されて訴訟費用を被告人に負担させる旨の裁判がなされた場合には、被疑者弁護人費用を含めて負担することになります。ただし、後に訴訟費用の執行免除の申立てを裁判所に行うことによって、負担を免れることができる可能性があります。

選任

Q 被疑者国選弁護人から被告人国選弁護人へはどのように移行するのですか？

A 被疑者国選弁護人に選任された事件について起訴された場合は、当然に被告事件の国選弁護人になります。あらためて選任手続は行われません。ただし、いわゆる「勾留中求令状起訴」がされた場合には、あらためて選任手続がとられることがあり、その際には法テラスから指名打診があります。

Q 被疑者国選の活動終了はいつですか？

A 被疑者の場合は起訴・家裁送致・釈放されるまでです。あるいは、解任されるまでです。

Q 弁護人選任届はどこに出せばよいですか？　また、宛名部分はどうすればよいですか？　ファクスで提出できますか？

A 送検前は警察署（留置されている警察署と捜査を担当する警察署が異なる場合は、捜査を担当する警察署）、送検後は検察庁、起訴後裁判体配点前は裁判所事件係、裁判体配点後は当該係属部宛てとなります（❸Ⅰ6〔49頁〕参照）。ファクスでは提出できません。なお、辞任届付弁護人選任届も同様です。

Q 担当検察官・係属部がわかりません。

A 担当検察官は検察庁事件係に問い合わせれば教えてもらえます。係属部は裁判所の刑事部刑事訟廷事務室事件係に問い合わせれば教えてもらえます。

Q 担当している国選事件の被疑者が別件で再逮捕されましたが、自分が別件の国選弁護人も担当することはできますか？

A 先行事件が当番ないし最初から国選であった場合には、要望書の該当欄にチェックして法テラスにファクスすれば、原則として担当することは可能です。裁判所への選任請求などの手続も怠りなくしてください。

Q 共犯者がいる事件なのですが、示談の関係等で共犯者の弁護人と連絡をとりたいです。どうすればいいですか？

A 捜査担当検察官に問い合わせれば教えてくれる場合があります。

Q 国選事件の被疑者と信頼関係を築くことが困難です。辞任することができますか？

A 国選事件では辞任することはできず、裁判所から解任されない限り、弁護人としての活動を行う必要があります。たとえば、「解任する」と被疑者から言われただけでは解任にはなりません。

Q 量刑はどうやって調べたらよいのですか？

A 判例検索のほか、第一東京弁護士会発行の量刑調査報告集、刑事弁護フォーラムの量刑データベースなどを参照してください。なお、裁判員裁判対象事件等の場合は、裁判所の量刑検索システムを利用してください。詳細は会員専用サイトをご覧ください。

公判

Q 起訴状の写しはどこで受け取るのですか？

A 東京地裁本庁では、被告人国選の場合、裁判所の係属部で受け取れます。私選の場合は、被告人から宅下げを受けてください。裁判所によって運用が異なりますので、不明なときには裁判所に確認してください。

Q 弁護人の請求証拠はどのように検察官に開示したらよいですか？

A 公判期日の1週間程度前までに公判担当検事宛てにファクスないし郵送で送るのが通常です。

Q 証拠意見はどのように考えればよいですか？

A ❿②3（117頁）を参照してください。

Q 裁判所から被告人質問を先行させるように言われました。どうすればいいですか？

A ❿②3（117頁）を参照してください。

外国人

Q 通訳人を紹介してもらえますか？

A 法テラスや弁護士会に問い合わせて登録している通訳人を紹介してもらう方法があります（❺②〔159頁〕参照）。

Q 知り合いの通訳人に通訳を頼んでもよいですか？

A 通訳人の選定も弁護活動の一環をなすものですから、心当たりがあれば直接その方に通訳を依頼してかまいません。ただし、通訳料については「国選弁護における通訳料基準」で依頼するようにしてください。

Q 通訳人と予定が合わないのですが、接見はどうすればいいのですか？

A 法テラスや弁護士会に問い合わせれば別の通訳人を紹介してもらえる場合があります。どうしても通訳人が確保できなかった場合でも、外国語のアドバイスカード（『当番弁護マニュアル』の「書式・資料編」に掲載されている）を持参するなどして接見してください。

Q 通訳料は誰が通訳人に払うのですか？

A 受任形態によって異なります。純粋私選の場合は被疑者・被告人、援助制度利用の場合は援助事務センター、国選の場合は弁護人が立替払いをしたうえで、後日、報酬とともに法テラスから支払われます。不受任の場合、所属弁護士会が支払うので、誤って弁護人が支払わないよう注意が必要です（⓯5〔170頁〕参照）。

上訴

Q 控訴申立書・上告申立書はどこに提出すればよいですか？

A 東京地裁本庁の場合、控訴申立書は11階の刑事訟廷事務室事件係に提出してください。上告申立書の提出先は15階の刑事訟廷事務室事件係です。ファクスでは提出できません。

Q 第一審で自分が担当していた事件で控訴審も自分を選任してもらえますか？

A 東京高裁および法テラスに継続選任の要望書を提出します。また、選任してもらえるかどうかは事案や担当部によるので、被告人に対しては必ず選任されるわけではないことを伝えておく必要があります（⓱2〔182頁〕参照）。

終了後

Q 国選事件が終結し、国選弁護報告書を法テラスに提出するときは、原本が必要ですか？　また、提出の方法はどのようにすればよいですか？

A 原本は必要ありません。報告書は法テラス東京までファクスで送ればよいです（郵送でも可）が、活動終了日から14営業日以内に提出する必要があります。

Q 当番の納付金の納め方がわかりません。

A 弁護士会事務局に持参するか、財務課備付の振込用紙を使用して振り込んでください（❸1 2(4)〔45頁〕参照）。

Q 国選弁護人として活動した場合、交通費は請求できますか？

A 直線距離で片道25km以上または経路で片道50km以上の場所に接見など支給対象となっている目的のために移動する場合には請求できます。また、弁護人事務所所在地を管轄する簡裁から直線距離が8kmを超える場所での期日出張のための出張の場合も請求できます。

【初版執筆者（五十音順）】

氏家宏海（うじいえ・ひろみ）
大久保博史（おおくぼ・ひろし）
坂倉渉太（さかくら・しょうた）
須﨑友里（すさき・ゆり）
徳永裕文（とくなが・ひろふみ）
永里桂太郎（ながさと・けいたろう）
贄田健二郎（にえだ・けんじろう）
藤原大吾（ふじわら・だいご）
牧田史（まきた・あや）
森本憲司郎（もりもと・けんしろう）
山田恵太（やまだ・けいた）
山本衛（やまもと・まもる）

【第2版執筆者（五十音順）】

鵜飼裕未（うかい・ひろみ）
大久保博史（おおくぼ・ひろし）
柏本英生（かしもと・ひでお）
小林英晃（こばやし・えいこう）
坂倉渉太（さかくら・しょうた）
須﨑友里（すさき・ゆり）
田中翔（たなか・しょう）
寺岡俊（てらおか・しゅん）
徳永裕文（とくなが・ひろふみ）
永里桂太郎（ながさと・けいたろう）
広野文治（ひろの・ぶんじ）
牧田史（まきた・あや）
山田恵太（やまだ・けいた）

新・実践刑事弁護〔第2版〕
昇平弁護士奮闘記

2016年1月15日　第1版第1刷発行
2018年11月30日　第2版第1刷発行
2022年4月30日　第2版第2刷発行
2023年1月16日　第2版第3刷発行

編　者………東京弁護士会刑事弁護委員会
発行人………成澤壽信
編集人………西村吉世江
発行所………株式会社 現代人文社
東京都新宿区四谷2-10 八ッ橋ビル7階（〒160-0004）
Tel.03-5379-0307（代）　Fax.03-5379-5388
henshu@genjin.jp（編集部）　hanbai@genjin.jp（販売部）
http://www.genjin.jp/
発売所………株式会社 大学図書
印刷所………株式会社 平河工業社
デザイン……加藤英一郎
検印省略　Printed in JAPAN
ISBN978-4-87798-715-2 C2032

本書は日本出版著作権協会（JPCA）が委託管理する著作物です。複写（コピー）・複製、その他著作物の利用については、事前に日本出版著作権協会（電話03-3812-9424、e-mail: info@jpca.jp.net）の許諾を得てください。